Hydropo...sche Gartenarbeit

Wachsen Sie Erfolgreich, Sparen Sie Platz und
Ressourcen und Genießen Sie das Ganze Jahr
über Einen Üppigen Garten.

ISABELLA GREY

Isabella Gray

Erstausgabe: Oktober 2023

Haftungsbeschränkung – Haftungsausschluss

Der Inhalt dieses Buches basiert auf persönlichen Erfahrungen und verschiedenen Informationsquellen und ist nur für den persönlichen Gebrauch bestimmt.

Die hierin enthaltenen Informationen dienen ausschließlich Bildungs- und Unterhaltungszwecken und es werden keine Garantien oder stillschweigenden Gewährleistungen übernommen.

Nichts in diesem Buch soll den gesunden Menschenverstand, den medizinischen Rat oder die professionelle Meinung ersetzen und dient nur zu Informationszwecken. Die Nutzung der Informationen in diesem Buch erfolgt auf eigenes Risiko. Der Leser ist für sein eigenes Handeln verantwortlich.

Wir gehen davon aus, dass die Informationen in diesem Buch wahr und konsistent sind, was bedeutet, dass jegliche Haftung, sei es aufgrund von Sorgfalt oder Sorgfalt, für die Nutzung oder den Missbrauch der in diesem Buch enthaltenen Richtlinien, Prozesse oder Anweisungen in Ihrer alleinigen und absoluten Verantwortung liegt. des Empfängers....Leser.

Durch die Lektüre dieses Buches erklärt sich der Leser damit einverstanden, dass der Autor unter keinen Umständen für direkte oder indirekte Verluste haftbar gemacht wird, die sich aus der Verwendung der hierin enthaltenen Informationen ergeben, einschließlich, aber nicht beschränkt auf Fehler, Auslassungen oder Ungenauigkeiten.

INHALT

Einführung

Sie möchten Ihre eigenen Pflanzen anbauen, befürchten jedoch, dass die Pflanzen, die Sie anbauen möchten, Ihren derzeitigen Wohnort nicht vertragen. Sie haben das Gefühl, dass Sie nicht den richtigen Platz, das richtige Klima oder die richtige Zeit haben, damit Ihre Pflanzen gedeihen können. Mach dir keine Sorge. Es gibt Lösungen für Sie.

Wenn wir an einen Garten und die damit verbundene Tätigkeit denken, denken wir ganz natürlich an das Umgraben der Erde, das Jäten von Unkraut, das Düngen und das Kompostieren. Dieses Buch bietet eine Alternative zu der traditionellen Vorstellung, dass man gutes Land mit fruchtbarem Boden an einem sonnigen Standort braucht, um ein erfolgreicher Gärtner zu werden und einen üppigen Garten zu haben.

Alles, was Sie wirklich brauchen, ist, Ihren Pflanzen genügend Wasser, Licht und Nährstoffe zu geben, damit sie gedeihen können. Alles andere kann geändert werden, wenn Sie wissen, was Sie tun. Wenn Sie nicht im richtigen Klima leben, wachsen Sie einfach drinnen, wo Sie die Klimaanlage nutzen können, um die richtigen Temperaturen aufrechtzuerhalten. Wohnen Sie in einer Gegend, in der das Land nicht besonders gut für den Anbau von Pflanzen geeignet ist oder das

Land vielleicht nicht flach genug für die Gartenarbeit ist? Sie benötigen keine großen Grundstücke, damit Ihr Garten produktiv ist, und Sie müssen auch nicht in Gegenden mit perfektem Klima leben. Mit hydroponischem Gartenbau können Sie drinnen in einer kontrollierten Umgebung wachsen, sodass Sie sich keine Sorgen mehr über das Klima machen müssen, dem Sie ausgesetzt sind. Es gibt Alternativen, mit denen Sie in Innenräumen in jeder Größenordnung anbauen können. Ihre einzige Grenze ist der Platz, den Sie zu Hause haben.

Dieses Buch soll Sie in die Themen des hydroponischen Gartenbaus einführen. Es vermittelt Ihnen alle Grundlagen, die Sie für den Einstieg benötigen. Sie erfahren, was Hydrokultur-Gartenarbeit ist, wie Sie dabei vorgehen und welche traditionellen Gartentechniken Sie am besten nutzen können, um sicherzustellen, dass Ihre Pflanzen in jedem Klima gedeihen. Dieses Buch wird Ihnen helfen, zu verstehen, was hydroponisches Gärtnern ist, über den Aufbau Ihres Gartens bis hin zu allem, was Sie tun müssen, um sicherzustellen, dass Ihre Pflanzen gedeihen. Alles, was Sie tun müssen, ist, loszulegen, und schon können auch Sie die Kunst des hydroponischen Gartenbaus ein für alle Mal beherrschen.

Kapitel 1: Was ist hydroponischer Gartenbau?

Hydroponischer Gartenbau ist eine der besten Möglichkeiten, Ihre Pflanzen anzubauen, unabhängig davon, ob Sie die Möglichkeit haben, in Erde zu wachsen oder nicht. Der hydroponische Gartenbau an sich ist sehr effektiv: Er bringt größere Ernten hervor als je zuvor. Es ermöglicht Ihnen, Ihre Pflanzen besser und schneller anzubauen als je zuvor, und das alles, weil Sie die Hälfte der Prozesse eliminieren, die Ihre Pflanzen durchlaufen müssen.

Letztendlich ist der Hydrokultur-Gartenbau in einer Vielzahl von Szenarien sehr, sehr effektiv, und weil er so effektiv ist, können Sie in der Regel auch die gewünschten Pflanzen erzielen, egal wo Sie leben. In diesem Kapitel werden wir uns damit befassen, was Hydrokultur-Gartenarbeit ist und warum Sie sich dafür entscheiden sollten, diese Art der Gartenarbeit selbst auszuprobieren.

Gartenarbeit ohne Erde

Hydroponik ist die Kunst des erdlosen Gärtnerns. Man geht davon aus, dass Pflanzen Nährstoffe aus dem Boden benötigen und diese über Wasser bereitstellen. Mit den verschiedensten Methoden wird nährstoffreiches Wasser den Pflanzen direkt an den Wurzeln zugeführt. Es kann auf viele verschiedene Arten funktionieren, aber letztendlich funktionieren sie alle nach dem gleichen Prinzip: Sie alle ermöglichen es Ihnen, im Garten zu arbeiten, ohne Erde zu benötigen, weil die Wurzeln alles bekommen, was sie brauchen.

Das Entfernen von Erde kann eine großartige Möglichkeit sein, alle Arten von Problemen zu beheben, mit denen Sie möglicherweise konfrontiert sind. Sie können die Häufigkeit, mit der sich in Ihrem Garten Krankheiten anstecken, reduzieren, da diese sich nicht im Boden ausbreiten. Ihre Pflanzen müssen keine wertvolle Zeit und Ressourcen damit verschwenden, die Wurzelstrukturen groß genug zu halten, damit sie die benötigten Nährstoffe erhalten. Vielmehr können sie auf andere Weise viel leichter wachsen – sie können auf einfache Weise sicherstellen, dass sie diesen Nährstoffbedarf ausreichend decken – und zwar durch die Aufnahme der Nährlösung selbst.

Durch die Reinigung des Bodens werden nicht nur Krankheiten beseitigt, sondern auch eine Vielzahl von Schädlingen und Unkräutern beseitigt. Sie werden kein besonders günstiges Umfeld für das Auftreten dieser Situationen schaffen und dadurch das Problem beseitigen.

Sie können sicherstellen, dass Sie weniger Zeit damit verbringen, sich über die vielen Probleme Gedanken zu machen, mit denen Sie in einem traditionellen Garten konfrontiert sein könnten. Sie müssen nicht versuchen, den Boden zu düngen, indem Sie sich auf Ihren Instinkt verlassen; Kennen Sie die Nährwerte Ihrer Nährlösung. Sie müssen sich keine Sorgen machen, wenn Ihre Pflanzen von Frost oder einem anderen schwächenden Ereignis heimgesucht werden – Sie können sicher sein, dass sie bei Ihnen in einer Umgebung, die Sie vollständig kontrollieren können, sicher und gesund sind und bietet Ihnen die Flexibilität, die Sie brauchen. Sie müssen sicherstellen, dass Ihr Garten gedeiht.

Wann ist hydroponischer Gartenbau die richtige Wahl?

Hydroponischer Gartenbau ist in vielen Situationen die richtige Wahl und kann für jeden von großem Nutzen sein. Erstens: Wenn Sie Platz für einen großen Garten im Freien haben, sollten Sie zunächst die Nutzung eines Hydrokulturgartens in Betracht ziehen, einfach weil dieser viel effizienter ist als andere Formen der Gartenarbeit. Selbst wenn Sie Platz zum Bauen und Wachsen im Freien haben, sollten Sie den Anbau in einem Gewächshaus mit hydroponischen Methoden in Betracht ziehen, einfach weil Sie damit bessere Ergebnisse erzielen. Wenn Sie sich jedoch in einer dieser Situationen befinden, sollten Sie darüber nachdenken, dass die Verwendung eines Hydrokulturgartens die bestmöglichen Ergebnisse liefert.

Wenn Sie wenig Platz haben

Der hydroponische Gartenbau begrenzt den Platz, der zum Wachsen Ihres Gartens benötigt wird. Dank der Art und Weise, wie sie wachsen, erfordern Pflanzen keinen zusätzlichen Aufwand Ihrerseits. Sie erfordern keine großen Erdschichten, damit sich die Pflanzen ausbreiten können. Stattdessen können Sie den Platzbedarf erheblich reduzieren, indem Sie in einer hydroponischen Umgebung wachsen. Das bedeutet, dass Sie auf weniger Raum mehr wachsen können. Besser noch: Es gibt viele verschiedene Methoden, mit denen Sie auch vertikal wachsen können. Mit Methoden wie der

NFT-Methode können Sie vollständig gestapelte Systeme aufbauen, was bedeutet, dass Sie mehrere Wachstumsebenen an einem Ort haben können.

Wenn Sie Wasserverschwendung vermeiden möchten

Wenn Sie an einem Ort leben, an dem Wasser knapp ist, oder in Gegenden, in denen Frischwasser teuer sein kann, ist die Verwendung der Hydroponik-Methode eine Lösung, um Ihre Gartenarbeit zu verbessern. Sie können sicherstellen, dass Ihr Garten so wächst, dass er Sie optimal vorbereitet. Sie werden wissen, dass Ihr Garten so gestaltet und wachsen kann, dass er Wasser speichert, anstatt es zu verschwenden. Tatsächlich wird das Wasser, das Sie verwenden, in hohem Maße recycelt, und zwar immer wieder, und Sie werden das Wasser, das Sie verwenden, erst nach etwa einem Monat entleeren. Das bedeutet, dass Ihr Wasser weiter reicht. Und das Beste: Da das Wasser auf einen Ort beschränkt ist, wissen Sie, dass Sie es nicht durch andere Elemente wie Verdunstung oder andere Elemente verlieren, die das verbrauchte Wasser langsam angreifen würden.

Wenn Sie größere Ernten wünschen

Der Ertrag eines Hydrokulturgartens kann bis zu zehnmal höher sein als in anderen Situationen. Ihre Pflanzen können schneller wachsen, verbrauchen weniger Platz, sodass Sie mehr Platz in Form mehrerer verschiedener Kulturen auf kleinerem Raum haben und, was das Beste ist, der Ertrag jeder einzelnen Kultur in der Regel höher ist, was zu einem Gesamtertrag führt.

Wenn Sie Zeit sparen möchten

Auch wenn Sie viel Zeit und Anlaufkosten investieren und wöchentliche Wartungsarbeiten sowie monatliche Desinfektionsversuche für alles Notwendige durchführen müssen, werden Sie feststellen, dass Sie mit Ihrem Garten Zeit sparen. Sie müssen Ihren Garten nicht jäten. Sie müssen Ihren Garten nicht ständig mehrmals am Tag bewässern. Dadurch können Sie die Zeit nutzen, die Sie sonst für andere Dinge aufgewendet hätten.

Wenn Sie in der Stadt oder an einem Ort gärtnern möchten, wo Sie keinen Garten haben.

Sie können in jeder Umgebung gärtnern, wenn Sie wissen, was Sie tun. Es ist nicht erforderlich, dass

Sie über Land oder gar einen eigenen Raum verfügen, um Ihren Garten anzubauen. Sie benötigen lediglich einen kleinen Raum, um Ihre Pflanzen wachsen zu lassen. Wenn Sie sicherstellen können, dass Sie über diesen Platz verfügen, können Ihre Pflanzen in jeder Umgebung gedeihen, in der Sie sie platzieren möchten.

Kapitel 2: Verschiedene Arten von Hydroponiksystemen

Es gibt viele verschiedene hydroponische Aufbauten, die Sie verwenden können. Letztendlich kommt es vor allem darauf an, eines zu wählen, das nicht nur Ihren Bedürfnissen entspricht, sondern Ihnen auch ermöglicht, innerhalb der Grenzen Ihres Raums besser zu wachsen. Wenn Sie diese Methoden anwenden, können Sie sicherstellen, dass Sie in praktisch jeder Umgebung erfolgreich sein können – wichtig ist nur, dass Sie das System besser kontrollieren und sicherstellen können, dass es für Sie funktioniert.

In diesem Kapitel behandeln wir die fünf gängigsten hydroponischen Konstruktionen für Anfänger. Diese Methoden sind die gebräuchlichsten und ermöglichen es Ihnen, in jeder Umgebung erfolgreich zu sein. Die fünf Methoden, die Sie in diesem Kapitel lernen werden, sind Tiefwasserkultur, Einweichen, Tropfen, Ebbe und Flut und die Nährstofffilmtechnik. Jedes davon hat seinen eigenen Zweck und einige sind einfacher zu bauen als andere. Machen Sie sich keine Sorgen, auch wenn Ihr Budget begrenzt ist, es gibt Optionen, die zu Ihnen passen. Sie müssen nur sicherstellen, dass Sie erkennen können, dass Sie die richtigen für Sie auswählen.

Tiefseekultur (DWC)

Die gebräuchlichste hydroponische Anbaumethode für Anfänger ist der Tiefwasseranbau. Im Wesentlichen geht es darum, die Wurzeln Ihrer Pflanzen in einer Nährlösung einzuweichen, in der sie untergetaucht bleiben. Die Idee dieser Methode besteht darin, dass die Wurzeln für die Dauer ihres Wachstums unter Wasser bleiben. Dies kann jedoch zu ernsthaften Herausforderungen führen: Bei dieser Methode muss man erkennen können, dass man die Pflanzen unter Wasser halten muss, man muss aber auch erkennen, dass die Pflanzen noch in einem gewissen Maße mit Sauerstoff versorgt werden müssen. Wenn diese Methode nicht funktioniert, können Sie das Gedeihen Ihrer Pflanzen nicht gewährleisten.

Der Schlüssel zu dieser Methode besteht darin, dass Sie eine Luftpumpe und einen Ausströmerstein verwenden müssen. Ohne sie wären Ihre Wurzeln praktisch untergegangen. Wenn die Wurzeln zu lange unter Wasser bleiben und ihnen der Sauerstoff entzogen wird, verfaulen sie schließlich und sterben ab, sodass sie nicht mehr in der Lage sind, sich am Leben zu halten. Dieses Problem tritt immer dann auf, wenn Sie Ihre Pflanzen Wasser aussetzen, ohne sie richtig zu belüften. Wenn Sie sie nicht ausreichend lüften, werden Sie feststellen, dass sie sich nicht entwickeln können.

Dies bedeutet jedoch, dass diese Art der Gartenarbeit auch vollständig mit dem Einsatz von Strom verbunden ist. Wenn Sie aus irgendeinem Grund keinen regelmäßigen Zugang zu Elektrizität haben oder sich in einer Gegend befinden, in der der Zugang zu Elektrizität nicht konstant und regelmäßig ist, kann dies ein großes Problem sein. Ihre Pflanzen sind nicht dafür ausgelegt, die meiste Zeit über längere Zeit unter Wasser zu bleiben, und wenn doch, werden sie Schwierigkeiten haben, sich zu entwickeln und zu wachsen.

Bedenken Sie, dass die mit dieser Methode angebauten Pflanzen recht begrenzt sind. Um diese Methode anwenden zu können, müssen Sie ganz bestimmte Pflanzen beschaffen. In den meisten Fällen eignet sich diese Methode eigentlich nur für Kräuter oder Blattgrünpflanzen, die weit vor der Blüte geerntet werden. Dies ist auf die Pflanzenpräferenz zurückzuführen: Nur wenige Blütenpflanzen gedeihen gut bei vollständigem und vollständigem Eintauchen.

Docht

Die Dochtmethode ist eine völlig passive Methode. Mit dieser Methode können Sie ein System erstellen, in dem Sie Ihre Pflanzen anbauen können, ohne viel anderes tun zu müssen, als das Reservoir, den Teil des Systems, der das Wasser enthält, mit der benötigten Nährlösung gefüllt zu halten. Im Wesentlichen platzieren Sie Ihre Pflanzen in einem Anzuchtbehälter, der sie alle aufnimmt. Die Wachstumsschale wird mit einem saugfähigen Wachstumsmedium gefüllt, einer inerten Substanz, die es Ihren Pflanzen ermöglicht, zu wachsen und zu gedeihen. Es unterstützt im Wesentlichen die Wurzeln Ihrer Pflanzen und ermöglicht ihnen ein problemloses Weiterwachsen. Anschließend wird ein Docht aus saugfähigem Material zwischen der Anzuchtschale und dem Reservoir platziert, dem Bereich, in dem Sie die gesamte Nährlösung für die spätere Verwendung aufbewahren. Im Wesentlichen bringt man sie zusammen, damit dieses System ordnungsgemäß funktioniert.

Die Idee der Dochtmethode besteht darin, dass die Nährlösung zur Oberseite des Systems gezogen wird. Die Nährlösung wird vom Wachstumsmedium absorbiert, das die Lösung auf natürliche Weise aufnimmt und den Pflanzen das Gedeihen ermöglicht. Die Wurzeln absorbieren die gesamte Flüssigkeit um sie herum und versorgen sie so mit den Nährstoffen, die sie benötigen.

Der Nachteil dieser Methode besteht darin, dass sie im großen Maßstab nur schwer umsetzbar sein kann. Es ist völlig stromlos, d. h. es gibt keine Teile, die einen Dauerbetrieb erfordern, es sei denn, Sie verwenden Wachstumslampen. Das gesamte System ermöglicht jedoch ein besseres Wachstum Ihrer Pflanzen, wenn Sie sicherstellen können, dass die Dochte, die Sie verwenden, ausreichend sind, um ausreichend Flüssigkeit zu transportieren. Da Sie die Dochte für alle Pflanzen, die Sie anbauen, manuell einfädeln müssen, ist dies möglicherweise nicht die richtige Methode für Sie, wenn Sie einen großen Garten anbauen. Dies funktioniert möglicherweise nicht, wenn Sie beispielsweise einen größeren Garten anlegen möchten. Möglicherweise möchten Sie es auch nicht verwenden, wenn die Pflanzen, die Sie anbauen, einen höheren Wasserbedarf haben als andere. Sie möchten sicherstellen, dass Sie genug Wasser für Ihre Pflanzen haben, und dafür sind bei Pflanzen, die sehr wasserabhängig sind, viele

Dochte erforderlich. Sie müssen die Vor- und Nachteile abwägen und entscheiden, ob Sie diese Methode wirklich für eine Pflanze anwenden möchten, die mehr Wasser benötigt, als die Dochte liefern können.

Tropfen

Die Tropfbewässerung ist vielleicht die beliebteste Methode für den Anbau großer Pflanzenmengen, insbesondere für den kommerziellen Anbau. Im Wesentlichen ermöglicht Ihnen diese Methode, den Pflanzen, die Sie anbauen, den ganzen Tag über oder in manchen Fällen kontinuierlich Wasser zu verabreichen. Das Wichtigste bei der Gartenarbeit liegt im Geiste: Wenn Sie sicherstellen möchten, dass Ihre Pflanzen ausreichend Wasser bekommen, es sei denn, es befindet sich nichts im Wasser, was Sie nicht haben, gibt es eine ausgezeichnete Option für Sie. Sie müssen jedoch einige Optimierungen vornehmen, um sicherzustellen, dass Sie letztendlich das anbauen können, was Sie anbauen möchten. Sie müssen das Gleichgewicht zwischen zu viel Wasser, das Ihr System überlasten kann, und zu wenig Wasser finden, das auch zu anderen Problemen führen kann. Sie müssen den Mittelweg finden, der es Ihnen ermöglicht, sicherzustellen, dass Ihr System gut funktioniert.

Das System ist so konzipiert, dass in der Nähe jeder Pflanze in der Wachstumsschale ein kleiner Schlauchstrang installiert ist. Neben jedem Rohr sollte es eine Möglichkeit geben, dass das Wasser langsam in das Wachstumsmedium tropfen kann, in das die Pflanze gepflanzt wird. Dadurch kann das System besser verarbeiten. Sie können dafür sorgen, dass Ihr System sicherer ist. Sie können sicherstellen, dass Ihr System besser funktioniert. Sie können sicherstellen, dass Ihr System in vielen verschiedenen Umgebungen effektiv funktioniert.

Letztendlich kann dieses System sehr nützlich sein. Außerdem ist die Einrichtung etwas schwieriger, wenn Sie nicht wissen, was Sie tun. Wenn Sie ein Anfänger sind, können Sie dieses System möglicherweise nicht effektiv nutzen, insbesondere wenn Sie nicht mit dem Aufwand vertraut sind, der für die Kontrolle Ihrer Gartenarbeit erforderlich ist. Sie möchten sicherstellen, dass Ihre Pflanzen letztendlich das bekommen, was sie brauchen, und dass es zu keinen Verlusten kommt.

Diese Systeme verwenden auch kleine Schläuche, die manchmal verstopfen können. Die Nährlösung kann manchmal zu Verstopfungen in der Minerallösung führen, die im Wesentlichen verhindern, dass sie von einem Punkt im System zum anderen fließen, was ein großes Problem sein kann, wenn man nicht aufpasst. Wenn Sie dies jedoch berücksichtigen, können Sie das Problem normalerweise umgehen. Sie sollten sicherstellen, dass Sie sich die Zeit nehmen, alle Schläuche regelmäßig zu überprüfen, da die Tatsache, dass diese Systeme selten große Mengen Wasser in den Wachstumsschalen gleichzeitig verbrauchen, auch dazu führt, dass Ihre Pflanzen Schwierigkeiten beim Wachstum haben. . Wenn Ihre Leitungen verstopft sind, auch in kleinerem Ausmaß, werden Sie auf Probleme stoßen, weil sie die Pflanzen schnell austrocknen lassen, wenn Sie das Problem nicht beheben. Pflanzen sind nicht darauf ausgelegt, lange Zeiträume in wirklich trockenen Wachstumsbedingungen zu vertragen, und wenn

Ihr System zu trocken wird, können große Probleme auftreten.

Ebbe und Flut

Die Ebbe-Flut-Technik ist eine großartige Technik, die viele Menschen gerne nutzen. Wie bei der Drip-Methode ist die Umsetzung etwas schwieriger, wenn man nicht weiß, was man tut. Allerdings sind die verwendeten Schläuche meist etwas größer und verstopfen nicht so stark. Diese Systeme funktionieren ganz einfach: Sie nutzen eine Pumpe, die Wasser direkt in die Wachstumsschale fördert. Die Anzuchtschale ist mit Erde gefüllt, die nicht besonders saugfähig ist – wenn sie zu saugfähig ist, kann es zu Problemen kommen, bei denen die Wurzeln aufgrund der Wassermenge ertrinken oder verfaulen.

Dieses System füllt die Wachstumsschale schnell mit einer Nährlösung, dann kann diese Lösung mit der Zeit abfließen und direkt in den Tank zurückkehren, um im nächsten Zyklus wieder verwendet zu werden. Im Wesentlichen muss dies zum richtigen Zeitpunkt erfolgen, um wirksam zu sein. Wenn Sie sicherstellen möchten, dass Ihr System besser wachsen kann, müssen Sie bestimmen, wie viel Wasser abgepumpt werden muss, und sicherstellen, dass Sie den Timer so einstellen können, dass er genau diese Menge zulässt.

Die Probleme mit diesem System entstehen, wenn es Probleme gibt, alles richtig zu machen. Wenn Sie Ihr System nicht richtig programmieren, kann es passieren, dass nicht genügend Nährlösung für die Pflanzen vorhanden ist, was bedeutet, dass auch die Wurzeln nicht genug davon bekommen. Das ist ein großes Problem: Wenn den Pflanzen das entzogen wird, was sie brauchen, ist die Wahrscheinlichkeit groß, dass sie nicht besonders gut wachsen. Wenn Sie andererseits zu schnell Wasser durch Ihr System laufen lassen, können andere Probleme auftreten. Sie können versehentlich das gesamte System überfluten, und obwohl dies als Ebbe-Flut-Methode und manchmal auch als Systemüberflutung bezeichnet wird, sollten Sie das System nicht buchstäblich überfluten. Sie möchten die wertvolle Nährlösung nicht aus Ihrem System verlieren, sonst bekommen Sie Probleme. Sie möchten sicherstellen, dass Ihr System genügend Lösung erhält und ordnungsgemäß wachsen kann, ohne dass die Lösung überflutet und verschwendet wird. Es kann schwierig sein, diese Art von Gleichgewicht richtig zu verwalten, wenn Sie nicht wissen, was Sie tun.

Darüber hinaus ist dieses System ebenso wie einige der anderen Methoden, die wir uns angesehen haben, von einem Timer abhängig, aber diese Abhängigkeit führt auch zu einem Bedarf an Strom, was bedeutet, dass Sie Ihr System nicht richtig wachsen lassen können, wenn Sie dies nicht tun . Es kann nicht korrekt abgeschlossen werden. Wenn der Timer kaputt geht, haben Sie Probleme mit der Nährlösung. Entweder schlägt der Timer fehl und lässt die gesamte Flüssigkeit aus dem System abfließen und einen Teil davon außerhalb des Systems überschwemmen, oder der Timer aktiviert sich überhaupt nicht, was zu einem weiteren großen Problem führt, wenn Ihre Pflanzen nicht die empfohlene Wassermenge erhalten.

Nährfilmtechnik (NFT)

Die Nährfilmtechnik ist in vielen Situationen eine weitere sehr beliebte Methode. Es wird häufig von Menschen verwendet, die ein längeres System suchen, in dem sie mit derselben Nährlösung eine gerade Linie anbauen können. Im Wesentlichen handelt es sich dabei um eine Art langen Schlauch, meist aus PVC, der dafür sorgt, dass sich alles ausdehnen kann. Sie müssen es so installieren, dass die Flüssigkeit dank der Schwerkraft nach unten fließen kann. Es ist ein sanftes Gefälle: etwa alle paar Meter einen Zentimeter. Es reicht jedoch aus, mehrstufige Systeme zu erstellen, wenn Sie wissen, was Sie tun. Sie können ein System erstellen, das sich um sich selbst wickelt und an Ort und Stelle eine Art Helix bildet, sodass Pflanzen übereinander wachsen können. Diese Methode ist besonders bei aromatischen Kräutern üblich: Sie ermöglicht es, nicht sehr große Pflanzen zu verwenden und diese tief zu entwickeln.

Bei diesen Systemen wird die Nährlösung immer so langsam auf und ab gepumpt, dass am Boden des Wurzelrohrs nur ein dünner Streifen Nährlösung zurückbleibt. Die Wurzeln können dann in die Lösung eintauchen, um genau die Lösung zu erhalten, die sie möchten. Dadurch bleibt auch genügend Platz für die Wurzeln, um die nötige Luft zu bekommen, die sie zum Weiterwachsen benötigen. Da das Wasser weiterhin fließt, wird es außerdem ständig belüftet, sodass die Wurzeln weniger wahrscheinlich ertrinken.

Das größte Problem besteht darin, sicherzustellen, dass die Pumpe stark genug ist, um die Lösung nach oben zu bringen, sie im System zirkulieren zu lassen und sie dann durch das System nach unten und zurück in den Tank zu befördern. Der schwierigste Teil besteht darin, sicherzustellen, dass das Wasser hoch genug ist, um die Oberseite des Systems zu erreichen, und hier ist das System am stärksten eingeschränkt. Wenn Sie das System nicht richtig zum Laufen bringen können, fällt es Ihnen schwer, mit dem Fluss Schritt zu halten, was ein großes Problem darstellt. Wenn Sie erfolgreich sein wollen, müssen Sie sehen können, wie Ihr System weiterhin funktioniert, und das bedeutet, dass Sie in die richtige Pumpe investieren müssen.

In dieser Situation sind Sie auch durch die Elektrizität eingeschränkt: Ohne sie kann Ihr System weder gedeihen noch wachsen. Sie sind auch dadurch eingeschränkt, dass einige Pflanzen für diese Anbaumethode nicht sehr geeignet sind. Insbesondere Pflanzen, die ein höheres Maß an Unterstützung oder Training benötigen, können für eine NFT-Methode zu schwer werden, insbesondere da die NFT höher ist als viele andere, um die Schwerkraft auszunutzen, damit alles zirkuliert. Sie werden auch durch die Funktionsweise Ihres Systems eingeschränkt. Wenn Sie sich für den Anbau von Pflanzen mit sehr langen Wurzeln entscheiden, stoßen Sie möglicherweise auf andere Probleme, die Sie zurückhalten. Sie müssen sicherstellen, dass Sie Ihre Pflanzen so anbauen können, dass es nicht zu Verstopfungen kommt, und Pflanzen, die zu große, mäandrierende Wurzelsysteme bilden, können tatsächlich das gesamte System verstopfen, Wasser blockieren und eine Reserve schaffen, die das könnte kann möglicherweise zu

Überschwemmungen im System führen. Da muss man vorsichtig sein.

Dies ist möglicherweise die technischste Methode, die in diesem Buch beschrieben wird, und ist nicht ideal für Anfänger, insbesondere wenn Sie noch nicht mit Baumaschinen vertraut sind. Sie können es bauen, wenn Sie möchten, aber wenn Sie nicht daran interessiert sind, selbst ein System zu bauen, ist dies wahrscheinlich nicht die richtige Methode für Sie, es sei denn, Sie kaufen eines oder einen bereits für Sie entwickelten Bausatz.

Aeroponik

Aeroponische Systeme schweben Pflanzen in der Luft und setzen nackte Wurzeln einem nährstoffreichen Nebel aus. Aeroponische Systeme sind geschlossene Strukturen wie Würfel oder Türme, die eine Vielzahl von Pflanzen gleichzeitig enthalten können. Wasser und Nährstoffe werden in einem Tank gespeichert und dann zu einer Düse gepumpt, die die Lösung zerstäubt und als feinen Nebel verteilt. Der Nebel wird normalerweise von der Spitze des Turms abgegeben, sodass er in die Kammer strömen kann. Einige aeroponische Systeme besprühen die Wurzeln der Pflanze kontinuierlich, ebenso wie NFT-Systeme, die die Wurzeln kontinuierlich dem Nährstofffilm aussetzen. Andere funktionieren eher wie das Ebbe-Flut-System, bei dem der Nebel in regelmäßigen Abständen auf die Wurzeln gesprüht wird. Aeroponik benötigt zum Überleben kein Substrat. Durch die ständige Lufteinwirkung können die Wurzeln Sauerstoff aufnehmen und schneller wachsen.

Aeroponische Systeme verbrauchen weniger Wasser als jede andere Form der Hydrokultur. Tatsächlich wird für den Anbau einer aeroponischen Pflanze 95 % weniger Wasser benötigt als für den Anbau eines bewässerten Feldes. Ihre vertikale Struktur ist auf minimalen Platzbedarf ausgelegt und ermöglicht die Unterbringung mehrerer Türme an einem Ort. Aeroponik ermöglicht es Ihnen, auch auf begrenztem Raum hohe Erträge zu erzielen. Darüber hinaus wachsen aeroponische Pflanzen aufgrund ihrer maximalen Sauerstoffexposition schneller als andere hydroponisch angebaute Pflanzen.

Aeroponik ermöglicht eine einfache Ernte das ganze Jahr über. Weinreben und Nachtschattengewächse wie Tomaten, Paprika und Auberginen gedeihen gut in einer aeroponischen Umgebung. Auch Salat, Baby Greens, Kräuter, Wassermelonen, Erdbeeren und Ingwer gedeihen. Allerdings sind Obstbäume zu groß und zu schwer, um in der Aeroponik angebaut zu werden, und unterirdische Pflanzen mit ausgedehnten Wurzelsystemen wie Karotten und Kartoffeln können nicht angebaut werden.

Die Kratky-Methode

Die Kratky-Hydroponik-Methode ist die einzige passive Hydroponik-Methode. Da Kratky-Hydrokultursysteme keine Wasser- oder Luftpumpen benötigen, benötigen sie für den Betrieb keinen Strom.

Kratky-Hydrokultursysteme sind einfach. Die Wurzeln der Pflanze hängen in einem mit hydroponischer Nährlösung gefüllten Tank. Zwischen der Oberseite des Wassers und der Unterseite der Pflanze bleibt ein Luftraum, damit einige Wurzeln atmen können. Ohne diesen Luftraum ertrinkt die Pflanze.

Wenn die Pflanzen die Nährlösung aufnehmen und der Wasserstand sinkt, dringen die Wurzeln tiefer in das Reservoir ein und halten einen Teil der Wurzeln unter Wasser. Fügen Sie nach Bedarf Nährlösung hinzu und achten Sie dabei immer darauf, dass ein Teil der Wurzeln in die Lösung eingetaucht ist, während gleichzeitig Luftraum aufrechterhalten wird, damit die Wurzeln atmen können.

Kapitel 3: Alles, was Sie zum Bau eines Hydrokulturgartens benötigen

Um Ihren Hydrokulturgarten zu verwalten, benötigen Sie Werkzeuge und Zubehör. Sie benötigen bestimmte Materialien, um sicherzustellen, dass Ihr System effektiv wachsen kann. Wenn Sie diese nicht haben, wird Ihr System wahrscheinlich nicht gut für Sie funktionieren. Sie müssen sicherstellen können, dass Sie alles zur Hand haben, was Sie brauchen, und vielleicht möchten Sie auch einen zweiten Satz haben, falls Sie auch ein Backup benötigen. Das ist entscheidend: Wenn Sie wirklich sicherstellen wollen, dass Ihr System richtig wächst, müssen Sie sich darauf verlassen können, dass Sie über die nötige Ausrüstung verfügen. In diesem Kapitel gehen wir auf die wichtigste Ausrüstung ein, die Sie zur Hand haben müssen, um das System selbst zu bauen. Obwohl nicht alle dieser Teile in jedem System vorhanden sind, handelt es sich dabei um die am häufigsten benötigte Ausrüstung. Denken Sie daran und erstellen Sie Ihre eigene Liste mit allem, was Sie kaufen müssen, sobald Sie wirklich wissen, was

Sie tun und wie Sie es tun werden. Nur dann können Sie sicherstellen, dass alles in Ordnung ist und alles abgerechnet wird.

Kulturtablett

Das Grow-Tray ist das grundlegendste Gerät, das Sie verwenden werden. Zum Glück muss es nicht teuer sein. Sie können alles verwenden, was die Pflanzen, die Sie in Ihrem Growzelt anbauen, unterstützen kann. Manche Leute verwenden Styropor, das über ihrem System hängt. Andere verwenden Eimer, Pflanzgefäße oder sogar Flaschen, um Wachstumsbehälter herzustellen. Alles in allem gibt es auf diese Frage keine richtige oder falsche Antwort. Sie müssen sich keine Sorgen darüber machen, viel Geld auszugeben, um eines zu bekommen, es sei denn, Sie möchten es – Sie können sich dafür entscheiden, aber es ist völlig optional.

Das Einzige, was Sie bei der Auswahl der Anzuchtschale beachten müssen, ist, dass diese lebensmittelecht sein muss. Das bedeutet, dass Sie bei der Verwendung von Kunststoff darauf achten müssen, dass dieser lebensmittelecht ist. Wenn Sie ein System aus Stahl oder einem anderen Material verwenden, müssen Sie nur sicherstellen, dass es die Pflanzen, die Sie anbauen, nicht gefährdet. Sie möchten sicherstellen, dass Ihre Pflanzen gesund wachsen und nicht beeinträchtigt werden.

Sie sollten auch bedenken, dass alles, was Sie verwenden, wassersicher sein sollte. Sie möchten nicht, dass Ihre Pflanzschale rostet oder mit den Nährstoffen reagiert, die Sie Ihren Pflanzen zuführen – das könnte ein großes Problem für Sie darstellen. Stattdessen müssen Sie sicherstellen, dass das, was Sie erhalten, in Ihrem Hydrokultursystem sicher ist. Sie können eines bauen oder kaufen. Manche Menschen verwenden, wenn sie Großanlagen benötigen, für den Anbau ihrer Pflanzen lebensmitteltaugliche Intermediate Bulk Container (IBCs). Sie können den Behälter in zwei Hälften schneiden und eine Hälfte für die Anzuchtschale und die andere Hälfte für den Tank verwenden.

Reservoir

Der Tank ist ein weiteres wichtiges Gerät, das Sie für den reibungslosen Betrieb Ihres Systems benötigen. Glücklicherweise ist dies, genau wie das Grow-Tray, ein Gerät, das Sie nicht viel kosten wird. Ihr Tank kann aus allem bestehen, was Wasser aufnehmen kann, solange Sie sicherstellen, dass das System selbst geschlossen werden kann und lichtdicht ist. Sie möchten nicht, dass Licht in den Tank gelangt, der Ihre Lösung enthält. Wenn Licht in das Aquarium eindringt, kann es zu Algenwachstum kommen, was für Sie ein großes Problem darstellen kann. Obwohl Algen an sich nicht unbedingt schädlich sind, können sie doch schädliche Auswirkungen auf alles haben. Sie reduzieren im Wesentlichen die Menge an verfügbaren Nährstoffen, auf die Ihre Pflanzen nicht alleine zugreifen können. Das ist ein großes Problem: Wenn Sie dies tun, geraten Sie in eine Situation, in der Ihre Pflanzen nicht die richtige Menge an Nährstoffen erhalten und versagen.

Diese Systeme werden normalerweise aus kleinen Lebensmitteleimern oder, in größerem Maßstab, aus einem Tank zur Aufnahme von Wasser oder sogar einem im Laden gekauften Vorratseimer gebaut. Wenn Sie bereits den perfekten Artikel zu Hause haben, aber glauben, dass er nicht lichtbeständig ist, können Sie auch dieses Problem lösen: Stellen Sie einfach sicher, dass Ihr System vor Licht geschützt ist. Alles, was Sie tun müssen, ist, alles mit Sprühfarbe abzudichten und für einen ausreichenden Lichtschutz zu sorgen.

Bei der Auswahl Ihres Aquariums müssen Sie darauf achten, dass es die richtige Größe hat, und die Vorgehensweise ist eigentlich ganz einfach. Sie möchten einen Behälter, der ausreichend Lösung für alle Ihre Pflanzen enthält. Sie benötigen also mindestens ein System, das Folgendes enthält:

● ½ Liter für jede kleine Pflanze, die Sie anbauen (kleine Kräuter).

● 1 1/2 Liter pro mittelgroße Pflanze, die Sie anbauen (Erdbeergröße).

● Mindestens 2 1/2 Liter für größere Pflanzen, mehr für größere oder anspruchsvollere Pflanzen.

Bei der Auswahl Ihres Outdoor-Systems müssen Sie ermitteln, wie viel Platz Ihnen zur Verfügung steht und dann ermitteln, wie viel von der Lösung Sie tatsächlich benötigen. Diese Zahlen sind das absolute Minimum. Viele andere Quellen empfehlen, diese Menge zu verdoppeln, und viele erfahrenere Menschen tun dies, um sicherzustellen, dass in ihrem System alles ausreichend Wasser erhält, damit es gedeihen kann.

Luftpumpe

Die Luftpumpe ist ein entscheidendes Werkzeug für Ihre Tiefwasserkultursysteme und manche Menschen ziehen es einfach vor, ihre Nährlösung immer zu belüften, egal was passiert. Grundsätzlich möchten Sie eine Pumpe finden, die für alle Aquarien ähnlicher Größe wie Ihres die richtige Art der Belüftung bietet. Darüber hinaus müssen Sie keine Luftpumpe speziell für die Hydrokultur kaufen. Sie können Systeme verwenden, die für den Einsatz in einem Aquarium konzipiert sind, und Sie sollten für eine ausreichende Belüftung Ihres Systems sorgen. Wenn Sie keinen finden, der groß oder leistungsstark genug ist, können Sie dem System einfach einen zweiten hinzufügen, um sicherzustellen, dass es ordnungsgemäß funktioniert. Es ist nicht schwer: Finden Sie einfach das Richtige für Ihr Aquarium.

Luftstein

Ebenso ist der Ausströmerstein, der mit der Luftpumpe geliefert werden kann oder nicht (stellen Sie sicher, dass Sie das Kästchen vor dem Kauf überprüfen, um festzustellen, ob Sie ihn benötigen oder nicht), von entscheidender Bedeutung. Dies ist der Teil der Pumpe, der die Verteilung des gesamten Sauerstoffs im System ermöglicht. Wenn Sie sicherstellen können, dass die Nährlösung durch den Ausströmer richtig belüftet wird, wissen Sie, dass Sie die richtige Belüftung erhalten, die für Sie funktioniert. Auch hier gibt es nicht viel zu tun – finden Sie einfach die Lösung, die zu Ihnen und Ihrem Raum passt.

Kulturzentrum

Das Wachstumsmedium hängt stark von Ihren Vorlieben ab. Es soll inert sein, um den Gartenprozess nicht zu beeinträchtigen. Es gibt viele verschiedene Möglichkeiten, von kostenlos, wenn Sie Flusssteine sammeln, bis hin zu recht teuer, wenn Sie wärmebehandelten Ton oder andere Materialien benötigen, die aufwändig verarbeitet werden müssen, um dorthin zu gelangen, wo sie sich befinden. Sie können diese Elemente basierend auf dem auswählen, was Sie erreichen möchten: Bestimmen Sie einfach, was Sie für Ihr System bzw. Ihre Systeme bevorzugen. Bedenken Sie, dass nicht alle Systeme die Verwendung eines Wachstumsmediums erfordern. Wenn dies bei Ihrem System nicht der Fall ist, ist das kein Problem. Schauen wir uns nun die gängigsten Beispiele und die Auswahlmöglichkeiten an, die Ihnen zur Verfügung stehen:

● Perlit: Dies kommt sehr häufig vor – es wird normalerweise dem Boden selbst zugesetzt, um für Belüftung zu sorgen. Hierbei handelt es sich um eine Form vulkanischen Glases, das dann schnell auf eine hohe Temperatur erhitzt wird. Dadurch platzen die Blasen, wodurch es porös und recht leicht wird, sodass Luft in das System gelangen kann. Es eignet sich ideal für den Einsatz in einem Dochtsystem, das die Lösung auf natürliche Weise aufnimmt und den Pflanzen so das Gedeihen ermöglicht. Es ist auch in der Lage, die richtige Art der Belüftung bereitzustellen, die Pflanzen benötigen. Es ist jedoch sehr leicht und kann durch Wind oder Regen weggeblasen werden, wenn Sie viel Wasser verwenden müssen. Es wird im Allgemeinen als Zusatz zu anderen Medien verwendet.

● Kokos: Dies ist eine Materialform, bei der Kokosnussschalen verwendet werden, die früher als nutzloser Abfall galten. Heutzutage werden diese Schalen jedoch zu sogenannter Kokosfaser verarbeitet. Dies bildet normalerweise eine Art dichtes Stückchen, das eine torfartige Konsistenz erzeugt. Wenn Sie sich für organische Stoffe interessieren, ist dies das richtige Wachstumsmedium für Sie. Es ist inert und zersetzt sich überhaupt nicht, was es sehr effektiv macht, außerdem ist es in der Lage, Luft zurückzuhalten. Wenn es anfängt, sich abzunutzen, können Sie es einfach kompostieren und so leichter entsorgen. Allerdings ist dieses Medium sehr saugfähig und läuft nicht gut ab, daher müssen Sie Perlit oder Vermiculit oder etwas anderes stark belüftetes hinzufügen.

● Vermiculit: Hierbei handelt es sich um eine weitere Mineralform, die dann stark erhitzt und zu kleinen Pellets aus belüftetem Schaumstoff verarbeitet wird, ideal für den Einsatz in einer hydroponischen Umgebung. Das ist eine tolle Option für Sie – es ist leicht und hält Wasser gut. Allerdings sorgt es nicht für die gleiche Belüftung wie Perlit. Aus diesem Grund kombinieren viele Menschen Perlit und Vermiculit im Verhältnis 50/50.

● Steinwolle: Diese wird häufig für Menschen verwendet, die ihre eigenen Systeme starten möchten. Steinwolle selbst wird sehr effektiv eingesetzt, um sicherzustellen, dass Menschen ihre eigenen Pflanzen aus Setzlingen züchten können. Sie bietet das richtige Maß an Unterstützung und stellt außerdem sicher, dass sie nicht zu viel Wasser verbraucht. Das Beste ist, dass es nach der Behandlung zum Ausgleich des pH-Werts im Wasser, in dem es sich befindet, kaum reaktiv ist. Steinwolle wird hergestellt, indem man Granit oder Kalkstein nimmt und ihn bis zum Schmelzpunkt überhitzt. Dann wird dieses geschmolzene Gestein genommen und wie Zuckerwatte gesponnen, wodurch Wolle entsteht. Anschließend wird es entnommen und zu Ziegeln geformt, die von Gärtnern verwendet werden können. Dies ist vielleicht eine der vielseitigsten Methoden, die Sie finden können.

● Blähtongranulat: Dieses Verfahren wird manchmal als HYDROTON oder LECA (leichter Blähtonzuschlagstoff) bezeichnet. Das sind kleine Tonkügelchen, die man nimmt und erhitzt, damit sie platzen, ein bisschen wie Popcorn. Dadurch entstehen mehrere Kugeln aus leichtem Ton, die auch saugfähig sind. Sie sind leicht, aber schwer genug, um nicht von der Strömung Ihres Systems mitgerissen zu werden. Sie ermöglichen auch die korrekte Entwicklung des Wurzelstützsystems, sodass die Pflanzen nicht umfallen. Sie sind auch sehr wiederverwendbar. Obwohl sie teuer sind, können sie durch Sterilisation recycelt und wiederverwendet werden, was sie sehr wünschenswert macht.

Natürlich gibt es auch andere Methoden und Materialien. Wenn Sie keiner davon interessiert, stehen die Chancen gut, dass Sie einen anderen finden, der zu Ihnen passt.

Die Regelanlage

Bei der Hydrokultur gibt es einige wichtige Schritte, die Sie regelmäßig durchführen müssen. Sie müssen in der Lage sein, den pH-Wert Ihrer Nährlösung zu kontrollieren. Sie müssen die elektrische Leitfähigkeit Ihres Systems überwachen. Sie möchten außerdem sicherstellen, dass Sie die Temperatur Ihres Systems steuern können. Das bedeutet, dass Sie mehrere Tools benötigen, die Sie bei diesen Prozessen unterstützen. Sie müssen sicherstellen, dass diese Systeme vorhanden sind und dass Sie über die richtige Ausrüstung für die Aufgabe verfügen. Ohne Überwachungsmöglichkeiten können Sie die gewünschten Wachstumsbedingungen nicht perfektionieren.

● Thermometer: Dies ist das einfachste Messwerkzeug, das Sie benötigen. Sie benötigen ein Wasserthermometer, mit dem Sie die Temperatur der Nährlösung in Ihrem Aquarium überwachen können, um sicherzustellen, dass sie unter Kontrolle bleibt. Außerdem benötigen Sie in Ihrem Anbaugebiet ein Luftthermometer, um sicherzustellen, dass Sie Ihre Pflanzen nicht versehentlich überhitzen oder ihnen andere Probleme bereiten.

● Ein EC-Messgerät: Hierbei handelt es sich um ein Gerät, mit dem Sie die elektrische Leitfähigkeit (EC) von Wasser aufzeichnen können. Dabei geht es im Grunde darum, die mit dem Wasser vermischten Ionen zu messen, was Ihnen dann Aufschluss über die Konzentration der von Ihnen verwendeten Nährlösung gibt. Wir werden später in diesem Buch ausführlicher auf dieses Thema zurückkommen.

● Der pH-Test: Den gibt es in vielen verschiedenen Formen. Der pH-Wert Ihres Systems kann Ihnen auch gute Hinweise auf die Konzentrationswerte in Ihrem System geben. Wenn Ihr pH-Wert zu hoch oder zu niedrig ist, treten Probleme in Ihrem System auf. Ihre

Pflanzen haben sehr spezifische pH-Werte, die Sie so gut wie möglich einhalten müssen. Sie müssen jedes Mal, wenn Sie Ihr System überprüfen und nachdem Sie eine neue Lösung hinzugefügt haben, überprüfen, ob Ihr pH-Wert zu hoch oder zu niedrig ist. Sie erhalten die Tests in Form eines Papierstreifens, den Sie in die Lösung tauchen und der farblich gekennzeichnet ist. Sie können auch einige Tuben Wasser nehmen und einige Tropfen Chemikalien darin mischen, die dann ihre Farbe ändern, um Ihnen den pH-Wert anzuzeigen. Es gibt auch Stifte, die Sie in die Lösung eintauchen können und die den pH-Wert digital aufzeichnen und Ihnen so den genauesten Wert liefern.

Nähr- und Düngemittellösung

Sie müssen auch die Nährlösung in Ihrem System berücksichtigen. Dies ist eine Lösung für das Wasser, das Sie für Ihren Hydrokulturgarten verwenden, und für die Nährstoffe, die dieser benötigt, wie der Name schon sagt. Die Nährstoffzugabe erfolgt meist über Düngemittel, die dann über die Wurzeln an die Pflanzen abgegeben werden. Dies ist einer der wichtigsten Teile des gesamten Systems, und wenn Sie nicht die richtige Nährlösung erhalten, wird Ihr System versagen. Glücklicherweise werden wir uns später in diesem Buch ausführlich mit diesem

Konzept befassen, um zu besprechen, wie Sie sicherstellen können, dass Ihre Pflanzen die richtige Nährlösung und den richtigen Dünger erhalten.

Beleuchtung

Die Beleuchtung ist ein weiteres wesentliches Element dieses Systems. Auch die Beleuchtung ist ein Element Ihres Gartens, das Sie nach Möglichkeit nicht vernachlässigen sollten. Sie müssen sicherstellen, dass Sie Ihr System mit allem versorgen können, was es benötigt, und dazu müssen Sie es mit der richtigen Beleuchtung ausstatten. Wenn Ihre Beleuchtung schlecht ist, wird Ihre Pflanze leiden. Wenn Sie eine Beleuchtung wählen, die nicht stark genug ist, verfügen Ihre Pflanzen nicht über genügend Energie, um Licht im Prozess der Photosynthese in chemische Energie umzuwandeln – sie erhalten einfach nicht die Nährstoffe oder Energie, die sie zum Wachsen und Funktionieren benötigen. was ein großes Problem sein kann.

Andererseits kann zu viel Licht auch Pflanzen verbrennen oder zur Samenbildung führen. Das bedeutet, dass manche Pflanzen zu früh blühen und bei vielen Wurzelgemüsen und Blattgemüsen sogar völlig zerstört werden und ihr Geschmack völlig unangenehm wird. Aus diesem Grund müssen Sie in der Lage sein, eine gute Beleuchtung zu erhalten, und viele Leute geben ihren Systemen wahrscheinlich die falsche Art von Licht oder nicht genug Licht statt der richtigen Art von Licht, und das ist ein großes Problem. Wenn Sie sicherstellen möchten, dass Ihr System zu dem wird, was es sein soll, müssen Sie sicherstellen, dass Ihre Beleuchtungsanforderungen erfüllt werden.

Wenn es einen Ort gibt, an dem man ein Vermögen ausgeben muss, dann ist es definitiv hier. Sie müssen für die bestmögliche Beleuchtung Ihrer Pflanzen sorgen. Während Ihre Pflanzen nicht wirklich von der Art des Behälters, in den Sie sie stecken, oder der Art des Tanks, in dem ihre Lösung gelagert wird, betroffen sind, ist ihnen die Beleuchtung wichtig. Schlechte Beleuchtung kann Ihren Garten zerstören, bevor Sie überhaupt anfangen können. Dies sollte hinsichtlich Qualität und Kosten immer oberste Priorität haben. Es gibt verschiedene Arten von Beleuchtung, die Sie im Gesamtbild der Dinge verwenden können, aber wir werden dieses Thema in einem späteren Kapitel behandeln.

Timer

Der Timer ist der Teil Ihres Systems, der fast wie Ihr Gehirn funktioniert. Es schaltet sich ein und teilt allen Ihren Geräten mit, wann sie ein- und ausgeschaltet werden sollen. Sie können den gewünschten Timer größtenteils basierend auf Ihren Wünschen auswählen. Wenn es Ihnen nichts ausmacht, jeden Tag das Licht ein- oder auszuschalten, ist dies perfekt und Sie benötigen keinen großen Timer. Wenn Sie über ein System verfügen, das mehrmals am Tag eingeschaltet werden muss, wie z. B. die Ebbe-Flut-Methode, und Sie auch die Beleuchtungsautomatisierung aktivieren möchten, müssen Sie sicherstellen, dass der Timer über genügend Ausgänge und Einstellungen für alles verfügt.

Letztendlich ist ein Timer ein Timer, solange er sich bei Bedarf ein- und ausschaltet. Hier kommt es nur darauf an, dass Sie einen zuverlässigen Programmierer haben, dem Sie vertrauen können und der sicherstellt, dass er für Sie funktioniert.

Wasserpumpe

Schließlich muss auch die Wasserpumpe berücksichtigt werden. Für viele Systeme ist es im Wesentlichen das Lebenselixier des gesamten Betriebs. Wenn Sie keine gute Pumpe haben, funktioniert Ihr System nicht, insbesondere wenn Sie Wasser bewegen müssen. Obwohl nicht alle Systeme eine Pumpe benötigen, sollten Sie dennoch bedenken, dass einige von ihnen eine

Pumpe benötigen. Wenn Sie dies nicht berücksichtigen, können andere Probleme auftreten. Sie müssen sicherstellen, dass die von Ihnen gewählte Pumpe über die nötige Pumpleistung verfügt, um das Wasser dorthin zu bringen, wo es hin soll.

Bei den Pumpen haben Sie zwei Möglichkeiten: Sie können zwischen einer Pumpe wählen, die in Wasser getaucht ist, oder einer Pumpe, die sich außerhalb des Systems befindet und über Schläuche verfügt, die den Tank mit der Anzuchtschale verbinden. Letztendlich liegt es an Ihnen, zu entscheiden, welches Sie möchten. Meistens ist es jedoch im Hobby- oder Anfängergarten besser, auf die Tauchpumpe zurückzugreifen. Dadurch kann das Wasser die Pumpe kühlen und ist im Allgemeinen etwas kostengünstiger. Es wird den Job machen. Wenn Sie jedoch mehr Leistung benötigen oder sich in einer gewerblichen Umgebung befinden, können Sie über externe Pumpen nachdenken.

Wählen Sie Ihren Hydrokulturgarten

Bei der Auswahl Ihres Hydrokulturgartens stehen Ihnen alle möglichen Optionen zur Verfügung. Es kann schwierig sein, selbst zu bestimmen, welche Art von Garten Sie anlegen möchten, aber glücklicherweise gibt es Ratgeber, die Ihnen wirklich dabei helfen können, herauszufinden, welche Art von Garten Sie anlegen möchten. Ob Sie einen größeren oder kleineren Garten wünschen, können Sie entscheiden. Wir gehen einige Überlegungen durch, die Ihnen bei der Entscheidung, welche Art von Hydrokulturgarten Sie am Ende wirklich wollen, wirklich helfen können. Wir empfehlen Ihnen, jeden der Aspekte zu berücksichtigen, die Ihnen in Kürze zur Verfügung gestellt werden, damit Sie beginnen können, herauszufinden, was für Sie am wichtigsten ist. So können Sie genau bestimmen, was Sie wirklich wollen und was Ihr Platz und Ihr Budget unterstützen können.

Berücksichtigen Sie den Platz

Der Platz ist vielleicht die größte Einschränkung, die Sie in jedem guten Hydrokulturgarten haben werden. Einige dieser Methoden, wie zum Beispiel die DWC- oder die Wicking-Methode, benötigen nicht viel Platz. Sie können eine dieser Methoden bauen und sie auf einer Fensterbank oder Arbeitsplatte stehen lassen. Sie eignen sich hervorragend zum Anlegen beispielsweise eines Kräutergartens. Wenn Sie jedoch mehr möchten oder ein größeres System wünschen, müssen Sie überlegen, wie viel Platz Sie benötigen.

NFT beispielsweise ist bei langen und schmalen Räumen sehr effektiv, vor allem wenn man zusätzlich den Vorteil nutzt, dass es auf mehreren Ebenen genutzt werden kann, sofern man über eine ausreichend leistungsstarke Pumpe verfügt. Möglicherweise möchten Sie eine große Ebbe-Flut-Methode in Betracht ziehen, wenn Sie einen großen Raum vollständig kartiert haben.

Bevor Sie mit dem Bau beginnen, sollten Sie jedoch unbedingt die verfügbaren Maße notieren und diese nicht überschreiten. Stellen Sie immer sicher, dass Ihr System in den verfügbaren Platz passt.

Berücksichtigung von Ressourcen

Sie müssen auch berücksichtigen, welche Ressourcen oder Materialien jedes dieser Systeme benötigt. Einige benötigen beispielsweise mehr Energie, während andere mehr oder weniger darauf ausgelegt sind, eingestellt und vergessen zu werden. Bedenken Sie, welche Auswirkungen jeder dieser Gärten auf Ihre Stromrechnung haben könnte. Ein Garten wie der NFT, der beispielsweise ständig eine Pumpe und Beleuchtung betreibt, kann teurer oder sogar außerhalb des Budgets sein als der DWC.

Sie sollten auch die Menge der benötigten Vorräte berücksichtigen. Hast du eine Pumpe? Möchten Sie eines kaufen? Und die Röhren? Möchten Sie etwas, das nur aus wenigen Teilen zusammengesetzt werden muss, oder sind Sie bereit, etwas Größeres und Anspruchsvolleres zusammenzustellen? Es ist auch wichtig, sich daran zu erinnern und dies im Hinterkopf zu behalten: Wenn Sie dies nicht tun, könnten Sie ein Problem haben.

Sie müssen Ihre Zeit auch als Ressource betrachten: Möchten Sie ein System, das über längere Zeiträume in Ruhe gelassen werden kann, oder möchten Sie ein System, das eine Zeit lang perfekt eingeschaltet bleiben kann? Welches System Sie auch bevorzugen, stellen Sie sicher, dass Sie sich nicht für eines entscheiden, das zu viel Zeit in Anspruch nimmt.

Bedenken Sie die Kosten

Die Kosten sind ein weiterer wichtiger Faktor, den es zu berücksichtigen gilt. Wie viel Geld hast du? Einige Systeme lassen sich unglaublich einfach für weniger als 10 US-Dollar herstellen, oder Sie haben vielleicht sogar bereits alle Vorräte für einige der einfacheren und günstigeren DIY-Methoden. Allerdings sind einige dieser Systeme recht teuer und ressourcenintensiv. Wenn Sie nicht den gesamten Rahmen für ein NFT kaufen möchten, möchten Sie es möglicherweise nicht verwenden. Wenn Ihnen die Kosten jedoch nichts ausmachen, können Sie es verwenden.

Bedenken Sie, dass es für jedes Budget Optionen gibt. Man muss am Ende nur bereit sein, sie zu akzeptieren. Stellen Sie sicher, dass Sie Ihr Budget kennen und sich daran halten, auch wenn Sie versucht sind, es zu überschreiten.

Berücksichtigen Sie die Skalierbarkeit

Berücksichtigen Sie auch die Skalierbarkeit Ihres Systems. Ein Dochtsystem könnte das Richtige für Sie sein, wenn Sie gerade erst anfangen, aber wenn Sie nach einem System suchen, das mit Ihnen wächst, während Sie lernen und sich für eine Erweiterung entscheiden, ist es möglicherweise nicht das Richtige für Sie. Das Gleiche gilt für den DWC. Obwohl es möglich ist, diese speziellen Gartenmethoden in größerem Maßstab anzuwenden, ist es unwahrscheinlich, dass sie sehr effektiv sind oder die Zeit sinnvoll nutzen. Schaut man sich hingegen einen NFT an, erkennt man, dass dieser unendlich erweiterbar ist, sofern er stets ausreichend Nährlösung für das gesamte System bereitstellt.

Im Wesentlichen müssen Sie überlegen, wie wahrscheinlich es ist, dass Sie Ihren Garten weiter anbauen. Wenn Sie nicht vorhaben, zu expandieren, könnten einige der strengeren und kleineren Methoden geeignet sein. Wenn Sie jedoch hoffen, daraus beim Üben etwas Größeres zu machen, empfehlen wir Ihnen, sich mit Drip-, NFTS- und sogar Ebbe-Flut-Methoden zu befassen, da alle diese Methoden selbst auf kommerzieller Ebene hoch skalierbar und nutzbar sind. .

Berücksichtigen Sie die Wiederverwendbarkeit

Schließlich müssen Sie auch überlegen, wie viel Wiederverwendung Sie wünschen. Wie wahrscheinlich ist es, dass Sie den Garten nach der ersten oder zweiten Nutzung noch einmal nutzen? Bei einigen der teureren und zeitaufwändigeren Methoden stellen Sie möglicherweise fest, dass sie sich nicht lohnen, wenn Sie sie nur einmal verwenden. Wenn Sie beabsichtigen, mehrere Pflanzen anzubauen oder Ihren Hydrokulturgarten langfristig zu einem festen Bestandteil Ihres Zuhauses zu machen, dann könnten ein NFT oder andere intensivere und teurere Methoden geeignet sein. Wenn es sich jedoch nur um ein Erlebnis mit den Kindern oder Hausaufgaben, eine einmalige

Unterrichtsstunde oder eine Veranstaltung handelt, möchten Sie vielleicht bei einigen der kleineren, günstigeren DIY-Methoden bleiben, die wir Ihnen gleich vorstellen. Es gibt einige großartige Möglichkeiten, aber letztendlich möchten Sie nicht zu viel Geld ausgeben oder versuchen, sich zu sehr einzuschränken. Überlegen Sie, wie oft Sie Ihr System wiederverwenden werden, bevor Sie sich für eine Investition entscheiden.

Kapitel 4: Hydroponische Gartensysteme zum Selbermachen

Glücklicherweise muss hydroponischer Gartenbau nicht teuer sein. Im Gegenteil, es gibt viele günstige Bauten, die Sie mit Materialien herstellen können, die Sie wahrscheinlich bereits zu Hause haben. Die drei Konstrukte, die wir Ihnen vorstellen werden, sind die endgültigen Konstrukte, die eliminiert und sich selbst überlassen werden können. Während der Tiefwasseranbau den Einsatz einer Luftpumpe und damit Strom erfordert, benötigen die anderen beiden Optionen keinen Strom, solange Sie kein helles Licht für die Pflanzen benötigen, und bei kleinen Gebäuden wie diesen können Sie oft darauf verzichten sie auf die Fensterbank, um etwas Sonne zu bekommen. Wenn Sie dieses Kapitel lesen, erhalten Sie voraussichtlich eine Liste der benötigten Materialien sowie eine Anleitung zu den Schritten, die Sie zum Erstellen des Builds selbst ausführen müssen.

Aufbau einer Tiefseekultur mit geringem Budget

Das erste ökonomische Konstrukt, das wir untersuchen werden, ist die Tiefseekultur. Dies ist eine der einfachsten Möglichkeiten, schnell und einfach loszulegen: Wenn Sie wissen, wie man die Nährlösung mischt, eine Luftpumpe zusammenbaut und einige Pflanzen in das System einfügt, können Sie diese Art von Garten problemlos nutzen! Dies ist ein guter Ausgangspunkt für Anfänger, da es sehr technisch ist: Sie lassen Ihre Pflanzen einfach in Gittertöpfen im Garten stehen.

Dieses System erfordert:

● Ein undurchsichtiger Behälter und Deckel (normalerweise in der 18-Gallonen-Größe bei jedem Großhändler erhältlich, aber jede Größe ist hier geeignet, wenn sie den Anforderungen Ihres Wassersystems entspricht).

● Eine Luftpumpe und ein Ausströmerstein.

● Netztöpfe (überprüfen Sie, ob sie die richtige Größe für die gesamten Pflanzen haben, die Sie anbauen möchten).

● Ihr bevorzugtes Wachstumsmedium (eine häufige Wahl ist die Verwendung von Blähtonpellets am Boden von Gittertöpfen, wobei

Steinwollewürfel zum Anpflanzen von Setzlingen oben auf dem Ton platziert werden).

● Eine Nährlösung

● Werkzeuge zum Bohren von Löchern in den Deckel des Vorratsbehälters.

Diese Konstruktion ist recht einfach. Bitte beachten Sie, dass bei der Montage davon ausgegangen wird, dass Sie die Pflanzen bereits bereit haben. Wenn nicht, bauen Sie einfach das System zusammen und warten Sie mit dem Befüllen mit Nährlösung, bis Ihre Pflanze mit der Arbeit beginnt.

Um diese Installation zu erstellen, gehen Sie folgendermaßen vor:

Sammeln Sie alles, was Sie brauchen: Es ist immer am besten, alles vorbereitet und bereit zu haben, bevor Sie beginnen. Stellen Sie sicher, dass der Behälter, den Sie zum Aufbau Ihres Aquariums verwenden, lichtdicht ist. Ist dies nicht der Fall, können Sie ihn außen mit lichtblockierenden Sprühfarben behandeln, um zu verhindern, dass Licht in die Nährlösung eindringt. Stellen Sie außerdem sicher, dass Sie alle notwendigen Schläuche für die Pumpe sowie Netztöpfe in der richtigen Größe haben.

Bereiten Sie die Anzuchtschale vor: Bei diesem System handelt es sich bei der Anzuchtschale eher um eine große Schale, in der die Anzuchttöpfe in der Nährlösung hängen. Messen Sie die Kanten der Netztöpfe, die Sie verwenden möchten, und schneiden Sie sie etwas kleiner zu. Der Rand des Netztopfs sollte die Töpfe auf dem Deckel des Vorratsbehälters abstützen, sodass die Pflanzen eingetaucht werden können, ohne in die Lösung zu fallen. Als nächstes schneiden Sie die Löcher aus und stellen Sie sicher, dass sie richtig passen. Stellen Sie sicher, dass Ihre Töpfe entsprechend den Pflanzen, die Sie anbauen, an der richtigen Stelle aufgestellt werden.

Bohren Sie ein Loch für den Schlauch: Nahe der Oberseite des Behälters müssen Sie ein kleines Loch bohren, das groß genug für den Luftpumpenschlauch ist. Dadurch bleibt der Deckel sicher über dem Behälter und ermöglicht gleichzeitig den Durchgang der Luftpumpe. Dies ist perfekt für Ihr System.

Fügen Sie den Luftstein hinzu: Am unteren Rand des Systems möchten Sie Ihren oder Ihre Luftsteine platzieren, wenn Sie mehr als einen für Ihren Behälter benötigen. Jeder von ihnen muss mit voller Leistung arbeiten, damit das Wasser gut gemischt und belüftet wird. Führen Sie den Luftpumpenschlauch durch das Bohrloch und befestigen Sie ihn am Stein, wobei das andere Ende an die Pumpe angeschlossen wird.

Bereiten Sie die Nährlösung vor: Dies ist einer der einfachsten Schritte: Befolgen Sie einfach die Anweisungen für die Nährlösung, die Sie auswählen. Lesen Sie einfach die Berichte, die Sie kombinieren möchten, und befolgen Sie die Richtlinien, um dies zu erreichen. Stellen Sie den Behälter unbedingt an der gewünschten Stelle auf, da die Lösung nach dem Einfüllen schwer und schwer zu bewegen ist. Geben Sie die Nährlösung in den Behälter. Sie sollten es so weit füllen, dass die Netztöpfe eingetaucht sind, ohne sie zu überfluten, wenn Sie sie in einem späteren Schritt hinzufügen.

Bereiten Sie die Netztöpfe vor: Jetzt müssen Sie sich die Zeit nehmen, die Netztöpfe vorzubereiten. Es ist ganz einfach: Füllen Sie sie mit Ihrem Wachstumsmedium, vorzugsweise etwas, das im Wasser seine Struktur nicht verliert. Dann setzen Sie auch Ihre Pflanzen in die Töpfe. Die Pflanzen gedeihen sehr gut, wenn Sie sie in den Starter-Steinwollwürfeln belassen.

Setzen Sie alles zusammen: Nehmen Sie den Deckel Ihres Systems und befestigen Sie ihn an dem mit der Nährlösung gefüllten Tank. Platzieren Sie jeden der Netztöpfe in den von Ihnen geschnittenen Löchern. Schalten Sie die Luftpumpe ein.

Lassen Sie das System funktionieren: Alles, was Sie tun müssen, ist, das System funktionieren zu lassen. Verwenden Sie bei Bedarf eine Beleuchtung oder lassen Sie es im Sonnenlicht, wenn dies nicht der Fall ist. Überprüfen Sie regelmäßig den Wasserstand, insbesondere wenn Ihre Pflanzen zu wachsen beginnen und mehr Wasser verbrauchen als zuvor. Bei Bedarf auffüllen.

Bauen Sie mit geringem Budget einen Dochtgarten

Der Dochtgarten ist fast noch einfacher als der DWC, da Sie nichts schneiden oder installieren müssen. Fügen Sie einfach den Docht dem System hinzu und lassen Sie ihn die Nährlösung aufnehmen. Aufgrund der passiven Natur dieser Systeme sind sie sehr einfach. Während dieser spezielle Aufbau nur eine leere Plastikflasche verwendet, die Sie möglicherweise im Haus haben, können Sie das gleiche Prinzip auch für den Bau größerer Systeme befolgen: Sie fügen dem Behälter einfach mehr Löcher, mehr Lösung und mehr Dochte hinzu. Prozesse. Das Wichtigste ist, dass sich die Pflanzschale direkt über dem Tank befindet, damit die Dochte die Lösung aufsaugen können.

Für dieses System benötigen Sie:

● Eine Plastikflasche (vorzugsweise 2 Liter).

● Ein Docht (jeder Stoff, der Flüssigkeiten absorbieren kann. Baumwollseile sind üblich, sollten aber ersetzt werden. Nylon ist ebenfalls üblich und widersteht Fäulnis und Fäulnis).

● Eine Nährlösung

● Ein Wachstumsmedium, das die Absorption unterstützt (am häufigsten ist eine Mischung aus Vermiculit und Perlit).

Um es zu bauen, müssen Sie im Grunde die Plastikflasche in zwei Hälften schneiden, die obere Hälfte mit dem Hals nach unten zusammensetzen und die Flasche sowohl als Wachstumsschale als auch als Reservoir verwenden. Es ist sehr einfach.

Um dieses einfache System zu erstellen, müssen Sie Folgendes tun:

Schneiden Sie die Flasche in zwei Hälften: Messen Sie dazu so ab, dass ein Reservoir von mindestens 20 cm entsteht, und schneiden Sie es dann horizontal und möglichst gleichmäßig durch.

Entfernen Sie den Flaschenverschluss und bereiten Sie den Docht vor: Nehmen Sie dann den Flaschenverschluss und bohren Sie ein Loch in die Mitte. Dies ist der Eintrittspunkt des Dochts, der die Platte und den Tank verbindet. Das Loch sollte groß genug sein, damit der Docht ohne

Ausfransen hindurchpassen kann, aber klein genug, um ein Verrutschen zu verhindern.

Bereiten Sie die Nährlösung vor: Als nächstes müssen Sie sicherstellen, dass Sie die Nährlösung vorbereiten und in den Systembehälter gießen.

Bringen Sie den Deckel an und bereiten Sie Ihren Anbaubereich vor: Bringen Sie den Flaschendeckel wieder an der Flasche an und achten Sie darauf, dass der Docht sicher sitzt. Drehen Sie den Deckel um und legen Sie ihn mit dem Deckel nach unten in den Tank. Halten Sie den Docht aufrecht und fügen Sie Ihr Wachstumsmedium hinzu. Stellen Sie sicher, dass der Docht weiterhin an Ort und Stelle gehalten wird, damit er nicht herausfällt und seitlich hängen bleibt oder auf den Boden fällt. Dies ermöglicht eine optimale Übertragung der Nährlösung.

Fügen Sie Ihre Pflanze hinzu: Sie müssen nur noch Ihre Pflanze in das System einpflanzen. Bei einem System dieser Größe möchten Sie wahrscheinlich etwas Kleines anbauen. Es kann beispielsweise für eine aromatische Pflanze geeignet sein.

Optionaler Lichtschutz: Es wird dringend empfohlen, die Nährlösung keinem Licht auszusetzen, da sie Algen beherbergen kann. Der beste Weg, Ihren kleinen Flaschengarten zu schützen, besteht darin, ihn mit Aluminiumfolie zu umgeben. Dies kann ausreichen, um Ihr System vor Licht zu schützen und Algenwachstum zu verhindern.

Wasserstand aufrechterhalten: Jetzt müssen Sie nur noch dafür sorgen, dass der Wasserstand hoch genug bleibt, um ein Austrocknen des Systems zu verhindern.

Kapitel 5: Kauf und Pflege Ihres eigenen Hydrokulturgartens

Wenn nun keine der angebotenen Optionen Ihren Wünschen entspricht oder Sie sich lieber keine Gedanken über den Bau machen möchten, können Sie auch einen Bausatz erwerben. Diese Kits sind so konzipiert, dass sie Ihnen alles bieten, was Sie brauchen, sodass Sie sich keine Gedanken darüber machen müssen, wie sie funktionieren oder was wohin gehört. Montieren Sie sie einfach gemäß den Anweisungen, ohne Ihr eigenes System entwerfen oder sich um Messungen kümmern zu müssen. Manchmal finden es die Leute besser, ein Kit zu kaufen und alles auf einmal zu haben, weil sie sich nicht damit befassen wollen, wie alles funktioniert – sie wollen einfach nur loslegen! Letztendlich müssen Sie vor dem Kauf Ihres Gartens einige Überlegungen anstellen, die Ihnen dabei helfen, genau den richtigen Garten für Sie zu finden. In diesem Kapitel erfahren Sie, welche Vorteile Sie haben.

Wie viel Platz haben Sie?

Wenn Sie einen Garten kaufen möchten, ist es das Letzte, was Sie tun möchten, einen zu kaufen, von dem Sie später feststellen, dass er nicht in Ihren vorhandenen Platz passt. Sie möchten sicher sein, dass der von Ihnen gewählte Garten geeignet ist. Aus diesem Grund sollte der erste Schritt vor dem Kauf Ihres Gartens immer darin bestehen, die Größe zu messen, die Sie bebauen möchten. Wenn Sie diesen ersten Schritt unternehmen, können Sie einfach die Abmessungen aller Gärten, die Sie sich ansehen, noch einmal überprüfen und sicherstellen, dass Sie immer alle außerhalb dieser Parameter liegenden Gärten entfernen und so sicherstellen, dass Sie bessere Erfolgsaussichten haben, als wenn Sie dies vermeiden . Das ist perfekt für Sie – wenn Sie sicherstellen möchten, dass Sie Ihr System ordnungsgemäß verwalten können, müssen Sie sicherstellen, dass es für seinen Zweck geeignet ist.

Was für einen Garten wünschen Sie?

Sie sollten sich auch fragen, ob Ihnen einer der Gartentypen, über den Sie bisher gelesen haben, wirklich zusagt. Möchten Sie eine dieser Optionen? Möchten Sie etwas, das noch nicht abgedeckt ist? Möchten Sie etwas anderes?

Möchten Sie andere Optionen wie Aquaponik oder Aeroponik in Betracht ziehen? Für all diese Optionen gibt es Kits, halten Sie die Augen offen. Manchmal kann der Kauf eines Kits den Einstieg erleichtern, wenn es darum geht, sicherzustellen, dass Ihr System aus mehr Teilen besteht. Einige Systeme wie NFT sind möglicherweise sogar einfacher zu erwerben, da Sie sich nicht um das Abmessen, Zuschneiden und den Versuch kümmern müssen, alles perfekt hinzubekommen.

Was baust du an?

Ein weiterer wichtiger Aspekt, den Sie beim Kauf Ihres Gartens berücksichtigen sollten, ist, was Sie überhaupt anbauen möchten. Manche Strukturen eignen sich besser für bestimmte Pflanzen als andere. Beispielsweise könnten NFT-Konstrukte perfekt für Tomaten oder Drops perfekt für Erdbeeren sein. Wenn Sie jedoch Kürbisse oder etwas Schwereres anbauen möchten, möchten Sie möglicherweise keinen NFT verwenden – Sie möchten etwas, das einfacher zu unterstützen ist. Überlegen Sie vor dem Kauf eines Systems, was Sie anbauen möchten, damit Sie nicht mit einem hohen NFT-Aufbau komplett mit PVC-Rohren enden, wenn Sie etwas zu Schweres anbauen möchten.

Wie viel planen Sie auszugeben?

Schließlich müssen Sie wissen, wie hoch der Endpreis ist, den Sie auszugeben bereit sind. Hydroponik-Baukästen, bei denen alles erhältlich ist, können ziemlich teuer werden, manchmal sogar bis zu mehreren Tausend Dollar, und Sie müssen wissen, wo die Preisgrenze für Sie liegt, wenn Sie sicherstellen möchten, dass Sie innerhalb der Grenzen um Sie herum bleiben. du willst für dich. Versuchen Sie außerdem, eine Liste aller Sonderfunktionen zu erstellen, die Sie einbeziehen möchten – einige von ihnen können sogar alle Parameter überwachen, die erforderlich sind, um sicherzustellen, dass Ihr System ordnungsgemäß wächst.

Systemwartung

Wenn Sie Ihr System schließlich genau so eingerichtet haben, wie Sie es möchten, ist es an der Zeit, über die Gartenwartung nachzudenken. Einer der attraktivsten Gründe, warum sich viele Menschen für den hydroponischen Gartenanbau entscheiden, ist die Tatsache, dass er für jeden gut funktioniert, ohne dass viel Pflege nötig ist. In Wirklichkeit müssen Sie jeden Tag nur wenige Augenblicke für die Pflege Ihres Gartens aufwenden, während die wöchentliche Wartung minimal ist, solange Sie keine Probleme in Ihrem System bemerken. Der Trick besteht darin, sicherzustellen, dass Sie so arbeiten, dass Ihr System gesund und funktionsfähig bleibt, sodass Sie nichts anhalten, Fehler beheben und reparieren müssen. Vorbeugung ist immer die beste Methode. In diesem Kapitel präsentieren wir Ihnen eine Liste der täglichen, wöchentlichen und monatlichen Wartungsaktivitäten. Es handelt sich um eine Art Spickzettel, der Ihnen sagt, was wann und wie oft getan werden muss, damit Ihr System reibungslos läuft.

Tägliche Wartung

Jeden Tag haben Sie nicht viel zu tun, es sei denn, Sie bemerken, dass etwas nicht stimmt. Wenn bei Ihrem täglichen Besuch alles in Ordnung zu sein scheint, brauchen Sie sich keine Sorgen zu machen. Sie können einfach Ihren Tag fortsetzen und sicher sein, dass Ihre Pflanzen gut wachsen.

Die tägliche Systemwartungsliste umfasst die folgenden Aufgaben:

● Überprüfen Sie alle Pflanzen, um sicherzustellen, dass sie alle gesund und grün aussehen. Dies dient dazu, nach Warnsignalen zu suchen, die darauf hinweisen, dass ein ernstes Problem mit Ihrem System vorliegt. Wenn Sie bei einem kurzen Blick auf Ihre Pflanze nichts sehen und sie gesund aussieht, ist sie wahrscheinlich in Ordnung.

● Überprüfen Sie den Füllstand der Nährlösung, um sicherzustellen, dass nichts Ungewöhnliches vorliegt. Wir empfehlen Ihnen, dies zu tun, um sicherzustellen, dass es nicht zu einem plötzlichen, unerklärlichen Leck oder einem anderen Problem kommt, das schädlich sein könnte.

● Pumpen und Leitungen kurz prüfen. Hier müssen Sie nicht viel tun – Sie möchten nur sicherstellen, dass die Pumpen funktionieren und alles so fließt, wie es sollte.

● Beleuchtung und Timer prüfen. Stellen Sie sicher, dass sie ordnungsgemäß funktionieren.

Wöchentliche Wartung

Jede Woche sollten Sie eine gründlichere Überprüfung Ihres Systems durchführen. Jede Woche stellen Sie sicher, dass alles ordnungsgemäß funktioniert, um sicherzustellen, dass Ihr System weiterhin für Sie arbeitet, wann und wo Sie es benötigen.

Verbringen Sie jede Woche etwas Zeit damit, Folgendes zu tun:

● Überprüfen Sie alle Pflanzen auf Anzeichen von Schädlingen. In dieser Zeit sollten Sie genauer hinsehen, um sicherzustellen, dass alles gesund und richtig wächst. Bei dieser Kontrolle prüfen Sie erneut, ob Anzeichen von Schädlingen vorliegen und sollten auch einen Blick auf die Wurzeln Ihrer Pflanzen werfen.

● Kontrolle der Wasserparameter. Während dieser wöchentlichen Wartungsperiode empfehlen wir, den pH-Wert, den EC-Wert und den Wasserstand zu testen. Sie sollten sich auch die Zeit nehmen, um festzustellen, ob Ihr System Algen aufweist oder nicht. Untersuchen Sie dazu das Wasser und die Leitungen. Sehen Sie etwas, das ungewöhnlich erscheint?

● Fügen Sie mehr Nährlösung hinzu. Sie müssen sich auch wöchentlich die Zeit nehmen, mehr Nährlösung hinzuzufügen, um sicherzustellen, dass alles, was Sie anbauen, ausreichend Nährlösung erhält und alle benötigten Nährstoffe vorhanden sind. Denken Sie daran, dass Sie nach der Zugabe der Lösung immer den pH-Wert anpassen sollten, um den EC-Wert wieder auf den für Ihren Garten gewünschten Wert zu bringen.

● Allgemeine Reinigung. Während dieser Zeit sollten Sie sich auch die Zeit nehmen, alle notwendigen Hausarbeiten zu erledigen, um Ihren Garten gesund und stark zu halten. Entfernen Sie unbedingt alle Pflanzenreste und stellen Sie sicher, dass auch der Boden sauber bleibt.

Monatliche Tiefenreinigung

Jeden Monat sollten Sie einen Tag wählen, an dem Sie eine gründliche Reinigung Ihres Hydrokulturgartens durchführen. Das ist der Schlüssel: Wenn es um den hydroponischen Anbau geht, möchten Sie sicherstellen, dass Ihr Garten gedeiht, und dazu müssen Sie sicherstellen, dass Sie Ihr System kontinuierlich effizient anbauen, und dazu sind Hygienemaßnahmen erforderlich. Im Allgemeinen gedeihen Hydrokulturgärten, wenn sie unter hygienischen Bedingungen gehalten werden. Denn wenn Sie in einem Hydrokulturgarten anbauen, versuchen Sie, das Risiko der Ausbreitung von Krankheiten zu begrenzen. Sie möchten versuchen, Ihr System so sauber wie möglich zu halten, um sicherzustellen, dass es in gutem Zustand bleibt.

Nehmen Sie sich also jeden Monat die Zeit, sich hinzusetzen, Ihren Garten zu betrachten und herauszufinden, wie Sie ihn sauber und gesund halten können. Bei dieser monatlichen Reinigung spülen Sie das gesamte System, um einen vollständigen Wasserwechsel zu ermöglichen. Durch einen Wasserwechsel stellen Sie sicher, dass Ihre Pflanzen das richtige Nährstoffgleichgewicht erhalten, da ihnen nicht alle Nährstoffe im gleichen Tempo entzogen werden. Obwohl man ihnen die richtige Menge an Nährstoffen gibt, werden sie alle unterschiedlich aufgenommen, was im Laufe der Zeit zu allerlei Unstimmigkeiten führen kann. Nach einer Weile werden Sie bei manchen Nährstoffen einen höheren Gehalt haben als bei anderen, und das kann ein großes Problem sein. Der beste Weg, das Gleichgewicht aufrechtzuerhalten, besteht darin, eine vollständige Systemspülung durchzuführen, die Ihnen auch Zeit gibt, sicherzustellen, dass das System sauber bleibt.

Um diese monatliche Tiefenreinigung durchzuführen, müssen Sie die folgenden Schritte befolgen:

Entleeren Sie das System und entsorgen Sie die Nährlösung ordnungsgemäß.

Entfernen Sie alle Pflanzen und schrubben Sie alles, was Ihnen in die Finger kommt. Verwenden Sie Bürsten und Schwämme mit Stiel, um schwer zugängliche Stellen zu erreichen und das Innere des Systems zu desinfizieren.

Füllen Sie den Tank mit Desinfektionsbleiche. Befolgen Sie dabei die Anweisungen auf der Flasche und die Anzahl der Liter, die Sie einfüllen. Lassen Sie das System 30 Minuten bis eine Stunde lang laufen, damit das Desinfektionsmittel mehrmals durch alle Schläuche zirkulieren kann, um eine gründliche Desinfektion zu gewährleisten.

Leeren Sie die Reinigungslösung aus und füllen Sie frisches Wasser auf, um das Spülen zu ermöglichen. Starten Sie das System weitere 30 Minuten bis eine Stunde lang, bevor Sie es entladen.

Kapitel 6: Füttern Sie Ihre Pflanzen

Jetzt wissen Sie, wie Sie Ihren Garten auswählen und gestalten. Sie wissen, was Gartenarbeit bedeutet und wie man für Anfänger fatale Fehler vermeidet. Jetzt müssen Sie sich nur noch um die Einzelheiten der Bepflanzung Ihres Gartens kümmern, und dieses Kapitel soll Sie durch einige der wichtigsten Punkte der gesamten Praxis führen. Sie erfahren, wie Sie Ihren Garten ernähren, indem Sie zunächst den EC-Wert und den pH-Wert untersuchen und dann verstehen, welche Nährstoffe Ihre Pflanzen benötigen. Hier erfahren Sie, wie Sie den richtigen Düngemitteltyp für Ihren Garten finden, damit Sie sicher sein können, dass Sie den für Sie am besten geeigneten auswählen.

ES GIBT

Die elektrische Leitfähigkeit im hydroponischen Kontext zeigt, wie gut das Wasser Elektrizität durch das Wasser leiten kann. Es hilft Ihnen, die Konzentration Ihrer Lösung zu verstehen, damit Sie sich ein besseres Bild von deren Wirksamkeit machen können. Es misst das Potenzial, das

Elektrizität haben muss, um einen Strom durch Wasser zu leiten. Man könnte meinen, dass Wasser ein hervorragender Stromleiter ist, aber das stimmt nicht ganz. Wasser selbst – reines Wasser, das nichts anderes enthält – leitet Elektrizität nicht gut und sein Grundmesswert beträgt 0,0, wenn ein EC-Messgerät verwendet wird. Wenn Sie jedoch beginnen, dem Wasser Nährstoffe oder Mineralien hinzuzufügen, wird es ionisiert; Sie erhöhen das Potenzial für den Stromtransport.

Im Wesentlichen besteht das Ziel des EC Ihres Systems darin, die Konzentration und damit den Nährstoffgehalt zu bestimmen. Der Nährwert, den Sie Ihrem System hinzufügen, stammt aus den Nährsalzen, die Sie in Form von Dünger erhalten und dem System hinzufügen, um sicherzustellen, dass es sich selbst erhalten kann. Im Allgemeinen können wir ungefähr sagen, dass 1,0 mS/cm, das übliche Maß für die elektrische Leitfähigkeit, etwa 1 Gramm Salz pro 1 Liter Wasser entspricht.

pH-Wert

Der pH-Wert ist eine weitere häufige Messung, mit der Sie sich bei der Messung Ihrer Nährlösung befassen müssen. Bestimmen Sie die Menge der vorhandenen Hydroniumionen: Wasser selbst hat einen pH-Wert von 7,0. Ein Wert unter 7 wird als sauer bezeichnet, während ein Wert über 7 als alkalisch gilt. Dies fördert die Aufnahme von Elementen und geht daher mit EC einher. Der pH-Wert der Lösung bestimmt, ob die Pflanzen sie aufnehmen können oder nicht. Bei einem falschen pH-Wert kann die Pflanze die Nährlösung nicht ausreichend aufnehmen und wächst daher nicht richtig. Bei den meisten Pflanzen liegt der pH-Wert wahrscheinlich zwischen 5,5 und 6,5, und wenn diese Werte nicht eingehalten werden, sind die primären Nährstoffe, die Ihre Pflanze benötigt, nicht verfügbar.

Während der pH-Wert Ihres Systems wahrscheinlich schwankt, insbesondere wenn Sie den EC-Wert aktiv regulieren, ist es wichtig zu beachten, dass Sie den pH-Wert steuern können, wenn er außerhalb des Bereichs liegt. Es gibt Produkte namens pH Up und pH Down, die Ihnen dabei helfen können, die Lösung in den pH-Bereich zu bringen, in dem sie sein sollte. Wenn Sie feststellen, dass der pH-Wert Ihrer Nährlösung für die Pflanzen, die Sie anbauen, dauerhaft zu hoch oder zu niedrig ist, empfehlen wir Ihnen dringend, Ihr System gemäß den Anweisungen auf der Flasche wieder in diesen Bereich zu bringen.

Makronährstoffe

Ihre Pflanze verfügt über mehrere Nährstoffe, die als Makronährstoffe gelten. Diese Nährstoffe sind für das Überleben Ihrer Pflanze unerlässlich und werden in höheren Mengen benötigt als die Mikronährstoffe, die Ihnen gleich vorgestellt werden. Im Allgemeinen werden Makronährstoffe in zwei Kategorien unterteilt: primäre und sekundäre.

Primäre NPK-Makronährstoffe

Primäre Makronährstoffe werden manchmal auch NPK (Stickstoff, Phosphor und Kalium) genannt. Diese drei Nährstoffe sind typischerweise im dreistelligen Verhältnis auf der Vorderseite aller Düngemittel zu finden. Das Verhältnis stellt den prozentualen Anteil jedes dieser drei Nährstoffe in der Reihenfolge dar. Das bedeutet, dass ein Dünger mit der Bezeichnung 10-12-14 10 % Stickstoff, 12 % Phosphor und 14 % Kalium enthält. Dies ist wichtig zu bedenken, insbesondere wenn Sie nach dem richtigen Weg suchen, um zu verstehen, was Ihre Pflanzen zum Gedeihen brauchen. Stickstoff ist das wichtigste Element, es ermöglicht das Wachstum der Pflanzen selbst sowie die Bildung von Chlorophyll, das den Pflanzen ihre charakteristische grüne Farbe verleiht. Phosphor ermöglicht die Entwicklung von DNA, um deren

Transformation zu unterstützen, sowie die Bildung von DNA, die die Blüte ermöglicht. Kalium wird im Allgemeinen verwendet, damit die Pflanze CO_2 aufnehmen und für ihre Funktion wichtige Enzyme aktivieren kann.

Sekundäre Makronährstoffe

Natürlich gibt es auch einige Nährstoffe, die als zweitrangig gelten. Dabei handelt es sich um Nährstoffe, die immer noch in größeren Mengen aufgenommen werden, jedoch etwas geringer als bei den drei Hauptbestandteilen. Die sekundären Nährstoffe sind Kalzium, Schwefel und Magnesium und alle drei haben ihre wichtigen Punkte. Calcium ist für die korrekte Entwicklung der Zellen notwendig. Schwefel erzeugt Proteine, die zur Produktion von Enzymen und Vitaminen verwendet werden. Magnesium ist entscheidend für die Bildung von Sauerstoff während der Photosynthese. Kalium wird benötigt, um Pflanzen bei der Photosynthese zu unterstützen, die zur Proteinsynthese führt.

Mikronährstoffe

Neben diesen Makronährstoffen spielen noch viele weitere Mikronährstoffe eine sehr wichtige

Rolle, obwohl sie in geringerem Maße benötigt werden. Sie müssen sicherstellen, dass Ihre Pflanzen alle notwendigen Mikronährstoffe und alles andere erhalten, damit sie wirklich wachsen und gedeihen können.

Die wichtigsten dieser Mikronährstoffe sind:

● Zink: ermöglicht die Entwicklung von Chlorophyll und ermöglicht der Pflanze den Stickstoffstoffwechsel und die Verarbeitung.

● Bor: ermöglicht der Pflanze zusammen mit Kalzium die Bildung von Zellmembranen und trägt zum Fortpflanzungsprozess bei.

● Eisen: Hilft bei der Fixierung von Energie und Stickstoff und ist außerdem wichtig für die Bildung von Chlorophyll.

● Mangan: Trägt zum Pflanzenwachstum bei und hilft bei der Sauerstofferzeugung während des Photosyntheseprozesses.

Auswahl des Düngemittels

Bei der Wahl des Düngers stehen Ihnen im Wesentlichen zwei Möglichkeiten zur Verfügung. Sie können Trockendünger verwenden, die einfach mit Wasser gemischt werden, um Ihre Nährlösung herzustellen, oder Sie können

Flüssigdünger verwenden, bei denen es sich um konzentrierte Flüssigkeiten handelt, die mit Wasser gemischt werden, um Ihre Nährlösung herzustellen. Jeder von ihnen hat seine Vor- und Nachteile und Sie müssen sie abwägen, um herauszufinden, welcher für Sie am besten geeignet ist.

Trockendünger

Trockendünger ist die günstigere der beiden Optionen und kann durchaus verwendet werden. Tatsache ist, dass Sie bei der Verwendung eines Trockendüngers bedenken müssen, dass Sie ihn sorgfältig mischen müssen und möglicherweise mehrere Düngemittel gleichzeitig abmessen müssen, während Sie ihn verwenden. In der Regel befinden sich diese Düngemittel auf separaten Konten, für die jeweils unterschiedliche Mengen erforderlich sind. Sie müssen ermitteln, welche für Sie wirklich am wichtigsten sind. Dies kann interessant sein, wenn Sie eine vollständige Anpassung wünschen.

Es ist auch die platzsparendste Option in der Mitte. Sie lagern nur trockenes Pulver, das im Allgemeinen viel weniger Platz einnimmt als eine konzentrierte Flüssigkeit.

Flüssigdünger

Flüssigdünger ist oft praktischer, da man in der Regel nur eine Flüssigkeitsmenge abmessen und in die richtige Menge Wasser gießen muss. Da es bereits verflüssigt ist, lässt es sich leicht in Wasser emulgieren, um eine Nährlösung zu erzeugen, während es bei einem Trockendünger länger dauern kann, sodass Sie keine andere Wahl haben, als sich Zeit zu lassen. Wenn Sie Flüssigdünger verwenden, müssen Sie eine Convenience-Gebühr bezahlen: Die Anwendung ist zwar einfacher, aber in der Regel auch teurer in der Anschaffung. Bedenken Sie auch, dass Sie diesen Flüssigdünger irgendwo lagern müssen und er mehr Platz einnimmt, insbesondere wenn Sie große Gärten haben, die größere Mengen Dünger benötigen.

Wählen Sie Ihren eigenen Dünger

Bei der Auswahl Ihres Düngers müssen Sie die Vor- und Nachteile abwägen. Trockendünger ist günstiger, aber auch etwas schwieriger in der Anwendung, aber nicht viel. Sie müssen mehrere Salze abmessen, obwohl es manchmal möglich ist, sie alle auf einmal zu mischen. Außerdem müssen Sie diese Salze mischen, bis sie das Wasser sättigen, um Ihre Nährlösung herzustellen, was Zeit und Mühe erfordert. Allerdings nimmt es auch weniger Platz ein. Flüssigdünger hingegen kostet mehr und nimmt mehr Platz ein, ist aber einfacher in der Anwendung. Beide erledigen die Arbeit zufriedenstellend. Sie müssen also nur herausfinden, welches Sie persönlich bevorzugen, um sicherzustellen, dass Sie sich für das richtige entscheiden. Wenn Sie lieber Geld sparen möchten und sich nicht um den Aufwand kümmern, ist es wahrscheinlich in Ihrem Interesse, eine Trockenmischung zu verwenden. Wenn Sie möchten, dass es so narrensicher wie möglich ist, ist der Kauf einer flüssigen Mischung möglicherweise die beste Wahl.

Wählen Sie das richtige Licht

Die Beleuchtung, die Sie in Ihrer Hydrokultur-Anlage verwenden, ist vielleicht die wichtigste Entscheidung, die Sie treffen müssen. Von allen Dingen, die über Erfolg oder Misserfolg Ihres Systems entscheiden können, ist die Beleuchtung vielleicht das einfachste. Pflanzen wachsen auch dann, wenn ihre Nährlösung nicht ganz stimmt. Sie wachsen auch dann noch, wenn Sie für die von Ihnen gewählten Sorten die falsche Bauweise verwenden. Sie wachsen normalerweise auch dann, wenn die Temperaturen etwas anders als nötig sind. Eines ist jedoch wahr: Wenn Sie die Beleuchtung falsch einstellen, werden Ihre Pflanzen große Probleme haben. Sie benötigen die richtige Beleuchtung, wenn Sie sie anbauen möchten, und der beste Faktor für den Erfolg im Garten ist normalerweise die richtige Beleuchtung für das, was Sie anbauen. In diesem Kapitel werden Sie durch den Prozess der Auswahl der richtigen Beleuchtungsarten für Ihr System geführt. Sie sehen sich die drei beliebtesten Optionen an, die heutzutage verwendet werden, und erfahren, was Sie bei Ihrer Garteneinrichtung erwarten können.

Allgemeine Beleuchtungsanforderungen

Wenn es um die perfekte Beleuchtung geht, gibt es zwei Schlüsselelemente, die Ihnen dabei helfen, herauszufinden, was Ihre Pflanzen brauchen. Dies ist die Intensität und Dauer der Beleuchtung.

Intensität

Das ist die Brillanz des Lichts. Sie müssen die richtige Intensität wählen, um ein effektives Wachstum Ihrer Pflanzen zu gewährleisten. Glücklicherweise haben Sie zwei Möglichkeiten, die Intensität Ihrer Lampen einfach anzupassen. Sie können die Wattzahl der verwendeten Glühbirne steuern oder den Raum zwischen der Beleuchtung und den Pflanzen verschieben. Durch die Anpassung auf größere Entfernungen können Sie die Intensität der Beleuchtung verringern, während Sie sie erhöhen können, indem Sie die Beleuchtung näher an die Pflanze heranbringen. Wenn Sie sich Pflanzenratgeber ansehen, kennen Sie normalerweise die Begriffe „volle Sonne", „teilweise Sonne" und „Schatten", anhand derer Sie bestimmen können, wie viel Licht jede Ihrer Pflanzen benötigt.

Dauer

So lange benötigt Ihre Pflanze Licht. Im Allgemeinen hängt es mit der Vegetationsperiode der Pflanze zusammen. Normalerweise benötigen Pflanzen, die im Sommer wachsen, längere Sonneneinstrahlung, während Pflanzen, die im Frühling, Herbst oder sogar im Winter wachsen, wahrscheinlich weniger Zeit im Licht benötigen. Mithilfe eines Timers können Sie die Zeit entsprechend anpassen.

Kompaktleuchtstofflampen (CFLs)

Kompaktleuchtstofflampen (CFLs) sind eine der Beleuchtungsarten, die Sie wählen können, wenn es darum geht, eine perfekte Beleuchtung in Ihrem System zu erzielen. Sie werden heute nicht mehr allgemein verwendet, obwohl sie energieeffizient sind und länger halten. Diese

Glühbirnen erzeugen problemlos Licht, das Licht ist jedoch nicht besonders stark. Wenn Sie eine Kompaktleuchtstofflampe verwenden, liegt das in der Regel daran, dass Sie nach einer günstigen Option suchen, die keine spezielle Ausrüstung erfordert, aber gleichzeitig ist billig selten eine gute Idee.

Größere Pflanzen haben im Allgemeinen Probleme mit Kompaktleuchtstofflampen: Sie liefern nicht genug Licht, um so tief in die Pflanze einzudringen wie andere Optionen, die Ihnen zur Verfügung stehen. Sie benötigen mehr dieser Glühbirnen, wenn Sie sie wirklich verwenden möchten, was ihren Zweck möglicherweise zunichte macht, wenn es in erster Linie um die Verfügbarkeit von Geräten geht. Wenn Sie eine dieser Glühbirnen verwenden müssen, versuchen Sie, mehr als 6500 K anzustreben, um das richtige Spektrum zu erhalten, und selbst dann sind diese Glühbirnen selten für alles geeignet, was blühen soll.

Hochintensitätsentladung (HID)

HID-Beleuchtung gibt es je nach gewünschtem Lichtspektrum in zwei verschiedenen Varianten. Wenn Sie rötlichere Lichter wünschen, empfehlen wir die Verwendung von Hochdruck-Natriumlampen. Wenn Sie ein blaueres Ende des

Spektrums verwenden möchten, beispielsweise wenn Sie versuchen, Gemüse anzubauen, empfehlen wir stattdessen die Verwendung von Metallhalogenidlampen.

Jede dieser Beleuchtungsformen wird als Hochintensitätsentladung bezeichnet. Dabei handelt es sich um mit Gas gefüllte Glühbirnen, die sich beim Erhitzen entzünden. Durch die Zündung und Verbrennung des Gases entsteht dann ein intensives und kraftvolles Licht. Natürlich erzeugt dieses Licht auch viel Wärme und verbraucht auch viel Energie. Allerdings ist es bei der Beleuchtung Ihrer Pflanzen sehr effektiv, wenn Sie es richtig einstellen. Dadurch wird sichergestellt, dass Ihre Pflanzen Licht erhalten, das dem natürlichen Spektrum der Sonne näher kommt als das einer Kompaktleuchtstofflampe. Denken Sie auch daran, dass Sie auch andere Ausrüstung benötigen. Sie müssen in der Lage sein, einen Ballast bereitzustellen, der das System unterstützt, indem er Leistung hinzufügt, ohne dass der Leistungspegel zu hoch wird.

Diese Formen von Licht sind für alle Pflanzen großartig, aber die Tatsache, dass sie auf natürliche Weise Wärme erzeugen und abgeben, kann für viele Menschen ein großes Problem darstellen, das auf irgendeine Weise gemildert werden muss, was für manche Menschen schwierig sein kann. Sie müssen vorsichtig sein, wenn Sie sich für die Verwendung eines DHI entscheiden.

Leuchtdiode (LED)

Schließlich ist die letzte besondere Form der Beleuchtung, die in der Hydrokultur verwendet wird, tatsächlich die modernste und daher derzeit möglicherweise die bevorzugte. LED-Beleuchtung kann nahezu das gesamte Lichtspektrum erzeugen, ohne die Temperatur zu erhöhen, was sie sehr effektiv macht, insbesondere wenn Sie Pflanzen verwenden, die niedrigere Temperaturen benötigen. Da LEDs die Umgebungsluft nicht erwärmen und zudem sehr energieeffizient sind, erfreuen sie sich großer Beliebtheit.

Natürlich hat diese Popularität ihren Preis. Dies ist aus gutem Grund die teuerste Option auf der Liste. Sie sind sehr effizient, nicht nur in Bezug auf Strom und Temperatur, sondern auch, weil sie im Allgemeinen länger halten. Sie sterben nicht so schnell wie andere Beleuchtungsoptionen und können endlos verwendet werden. Wenn es Ihnen nichts ausmacht, eine Preisbarriere zu überwinden, sind sie eine großartige Option für jeden Garten.

Kapitel 7: Beste hydroponische Kräuter, Früchte und Gemüse für Anfänger

Kräuter

Keine Küche zu Hause ist komplett ohne einen eigenen Kräutergarten, und zu Ihrem Glück können Sie Ihre eigenen Kräuter anbauen, um Ihre Mahlzeiten zu würzen und ihnen alle möglichen subtilen Aromen hinzuzufügen, die Sie genießen können. Während Sie dieses Kapitel lesen, werden Sie durch vier großartige Kräuter geführt, die Anfänger in ihrem eigenen Hydrokulturgarten anbauen können, sowie durch die Einstellungen, die erforderlich sind, um sicherzustellen, dass sie richtig wachsen.

Sie können Kräuter zusammen mit anderen Kräutern anbauen, solange deren Parameter so aufeinander abgestimmt sind, dass Sie beide Bedürfnisse gleichzeitig erfüllen können. Beispielsweise wachsen Basilikum und Petersilie wahrscheinlich relativ gut, wenn sie zusammen gehalten werden. Dies ist eine großartige Möglichkeit, sicherzustellen, dass Sie das Beste aus Ihrem Garten herausholen, und kann Ihnen dabei helfen, herauszufinden, wie Sie alles organisieren können.

Basilikum

Basilikum ist ideal für jeden Liebhaber italienischer Küche. Egal, ob Sie große Mengen Pesto mögen oder einfach nur genug Basilikum zu den Tomaten möchten, dieses Kraut ist köstlich und sollte in Ihr Repertoire aufgenommen werden. Dies ist eines der am häufigsten vorkommenden Kräuter in Hydrokulturanlagen. Es handelt sich um ein Warmwetterkraut, das gekeimt oder durch Klonen von Stecklingen produziert werden kann. Diese Pflanzen müssen regelmäßig und einfach beschnitten werden. Dies kann normalerweise Teil des Ernteprozesses sein und ermöglicht ein besseres Wachstum der Pflanze und stellt sicher, dass sie gesund ist. Im Allgemeinen verträgt die Pflanze Temperaturen um die 60°, es ist jedoch besser, 70° oder 80° anzustreben, um eine glückliche und gesunde Pflanze zu haben.

Um dieses Kraut richtig anzubauen und zu pflegen, müssen Sie die folgenden Parameter einhalten:

CE 1.6-2.2

pH-Wert: 5,5–6,6

Temperatur: 65–95 Grad Fahrenheit

Beleuchtung: 10-12 Stunden am Tag

Petersilie

Petersilie wird wie Basilikum in der Küche sehr geschätzt und ist eine sehr häufige Beilage. Diese Pflanzen wachsen relativ leicht, solange man sie mit allem versorgt, was sie brauchen. Sie werden normalerweise in Türmen angebaut, aber es gibt keinen Grund, warum Sie dieses köstliche Kraut nicht mit einigen der einfachen Methoden anbauen können, die Ihnen gezeigt wurden, wie zum Beispiel der Verwendung der Kratky-Glasvase oder des Plastikflaschendochts. Diese Pflanzen sind kälteresistenter als Basilikum. Außerdem keimen sie leicht und sind innerhalb eines Monats zur Ernte bereit.

EC: .8-1.8

pH-Wert: 5,5–6,0

Temperatur: 60–75 Grad Fahrenheit

Beleuchtung: Natürliches Licht ist vorzuziehen. Stellen Sie es an ein Südfenster und lassen Sie es wachsen.

Koriander

Koriander ist ein sehr beliebtes Kraut, das in vielen lateinamerikanischen und asiatischen Gerichten vorkommt. Es ist eine tolle Ergänzung für jeden Garten und sehr vielseitig. Im Allgemeinen sind höhere Lichtverhältnisse erforderlich, aber wenn Sie es richtig machen, erhalten Sie nahezu endlosen Koriander – er wächst bei diesen höheren Lichtverhältnissen schnell und es muss darauf geachtet werden, dass er nicht blüht. Wenn Sie sehen, dass es zu blühen beginnt, sollten Sie es zurückschneiden, damit es nicht bitter wird und seinen Geschmack beeinträchtigt. Koriander ist insofern etwas seltsam, als er nicht nur helles Licht mag, sondern auch etwas niedrigere Temperaturen bevorzugt, um eine Samenbildung zu vermeiden.

EC: 1,6-1,8

pH-Wert: 6,5–6,7

Temperatur: 40–75 Grad Fahrenheit

Beleuchtung: 12 Stunden am Tag

Grüne Zwiebel

Schalotten sind großartige Pflanzen für jeden Hydrokulturgarten. Sie werden häufig als Beilage in vielen verschiedenen Küchen verwendet, und manche Leute grillen sie sogar gerne und essen sie pur, wobei sie die Süße genießen, die sie entwickeln. Denken Sie daran, dass Schalotten vielseitig einsetzbar sind. Sie können die Spitzen der Pflanzen auch einfach abschneiden und die Basis mehrmals weiterwachsen lassen, um mehr aus Ihrer Ernte herauszuholen. Diese Pflanzen vertragen kalte Temperaturen, bevorzugen jedoch wärmere Temperaturen und längere Sonneneinstrahlung.

EC: 1,8-2

pH-Wert: 6-6,5

Temperatur: 68-77 Fahrenheit

Beleuchtung: 12–14 Stunden Licht pro Tag

Schnittlauch

Schnittlauch ist eng mit Frühlingszwiebeln verwandt, unterscheidet sich jedoch geringfügig. Bemerkenswert ist, dass ihre Zwiebeln winzig und zart, dünn und lang sind, im Gegensatz zu Schalotten, die größere Zwiebeln und breitere Stiele haben. Schnittlauch ist empfindlich und kann als eine Art Beilage verwendet werden. Sie gedeiht auch in hydroponischen Anlagen, insbesondere solchen vom Ebbe-Flut-Typ, wo sie in das Wachstumsmedium selbst gepflanzt wird.

EC: 1,8-2,4

pH-Wert: 6,0–6,5

Temperatur: 65–80 Grad Fahrenheit

Beleuchtung: 14-16 Stunden am Tag

Dill

Milder, aber dennoch unverwechselbarer Dill ist eine häufige Zugabe zu vielen Soßen, Soßen und sogar eingelegten Gurken. Es wird regelmäßig Meeresfrüchten wie Lachs zugesetzt und lässt sich auch recht einfach anbauen. Sie kann eine willkommene Ergänzung für jeden Garten sein und gedeiht in hydroponischen Anlagen.

EC: 1,0-1,6

pH-Wert: 5,5–6,4

Temperatur: 65–80 Grad Fahrenheit

Beleuchtung: 14 Stunden am Tag

Fenchel

Fenchel ist ein köstliches Kraut, das zum Würzen von Eiern oder delikatem Fisch verwendet werden kann. Es ist vollständig essbar und Sie können die Blätter als Kraut ernten oder die gesamte Pflanze ernten, um auch die Zwiebel zu verwenden. Die Zwiebeln sind normalerweise ausgewachsen und gebrauchsfertig, wenn sie die Größe eines Tennisballs haben.

EC: 1,0-1,4

pH-Wert: 6,4–6,8

Temperatur: 60–70 Grad Fahrenheit

Beleuchtung: 10 Stunden

Weise

Salbei ist eine immergrüne Holzpflanze, die das ganze Jahr über in Ihrer Hydrokultur angebaut werden kann. Es ernährt sich von Wasser und Nährstoffen und Sie können es zum Würzen von Schweinen, Geflügel und mehr verwenden, um köstliche Mahlzeiten zuzubereiten.

EC: 1,0-1,6

pH-Wert: 5,5–6,0

Temperatur: 75-85 Grad Fahrenheit

Obst

Den Früchten selbst gefallen hydroponische Methoden im Allgemeinen nicht besonders gut – oder besser gesagt, sie können eine echte Herausforderung für diejenigen darstellen, die nicht wirklich wissen, was sie tun. Wenn Sie Ihre eigenen Früchte hydroponisch anbauen würden, gibt es einige verschiedene Sorten, die sich hervorragend für Anfänger eignen. Bedenken Sie jedoch, dass viele der Optionen, die Sie möglicherweise sehen, schwieriger sein können, als Sie dachten. Tatsächlich benötigen Obstpflanzen im Allgemeinen zahlreiche Veränderungen ihrer Nährstoffe, um sich richtig an die verschiedenen Phasen ihres Wachstums anzupassen. Die Früchte, die wir Ihnen vorstellen, sind für Anfänger jedoch recht verzeihend und Sie sollten damit leben können. Wie im letzten Kapitel werden Sie angeleitet, die Frucht- und Wachstumsbedingungen zu verstehen.

Erdbeeren

Erdbeeren gehören vielleicht zu den Pflanzen, die sich am einfachsten in einem Hydrokultursystem anbauen lassen, obwohl sie Früchte produzieren. Sie leben vom zusätzlichen Zugang zu Wasser und werden allgemein allen Anfängern empfohlen, was in hohem Maße erklärt, warum sie so beliebt sind. Wenn Sie einen Hydrokulturgarten anlegen möchten und Erdbeeren lieben, sollten Sie eine dieser Pflanzen in Betracht ziehen. Wir können ihnen sogar zu Hause beibringen, unbegrenzt zu wachsen. Wenn Sie die richtigen Einstellungen beibehalten, können Sie sicherstellen, dass sie auch im Winter weiterhin produzieren.

Diese Pflanzen wachsen am besten mit einem NFT, Sie können sie aber auch in anderen Systemen wie Ebbe-Flut- und Tropfsystemen anbauen. Wenn Sie jedoch versuchen, sie in einem Kratky oder DWC anzubauen, könnten Schwierigkeiten auftreten. Denken Sie daran, dass sich Erdbeeren fast immer am besten aus Stecklingen ziehen lassen, da es zwei bis drei Jahre dauert, bis eine neue Pflanze zur Fruchtbildung bereit ist.

EC: 1,4-3,0

pH-Wert: 5,8–6,2

Temperatur: 60–80 Grad Fahrenheit

Beleuchtung: 8 bis 12 Stunden Licht pro Tag

Blaubeeren

Obwohl Heidelbeeren an Büschen wachsen, vertragen sie den Hydrokultur-Wachstumszyklus eigentlich recht gut. Mit NFT-Systemen, die sie mit allem versorgen, was sie an Nährstoffen benötigen, können sie voll und ganz gedeihen und eine gleichmäßige Beerenproduktion ermöglichen, sobald sie reif sind. Denken Sie daran, dass die meisten Blaubeeren nach der Keimung mindestens zwei Jahre lang keine Früchte tragen. Denken Sie daran, dass es sich um Sträucher handelt, die als Sträucher oft etwas größer sind und Sie sie ausreichend stützen müssen. Sie gedeihen jedoch unter den für Hydrokultursysteme typischen niedrigen pH-Werten.

EC: 1,8-2,0

pH-Wert: 4,5–5,8

Temperatur: 72-76 Grad Fahrenheit

Beleuchtung: 12–16 Stunden Licht

Tomaten

Tomaten gehören ebenfalls zu den klassischen Früchten, die sich perfekt für eine hydroponische Umgebung eignen. Tatsächlich gedeihen sie dort im Allgemeinen. Sie waren tatsächlich die Stars der Show, als es um die erste Studie zum hydroponischen Anbau ging, und dank ihres nahezu beispiellosen Erfolgs werden sie auch heute noch häufig hydroponisch angebaut. Sie eignen sich hervorragend für jedes System und funktionieren gut, solange Sie in der Lage sind, die Pflanzen während ihres Wachstums angemessen zu unterstützen und sie unter ihrem enormen Gewicht zu halten. Diese Pflanzen wachsen im Allgemeinen gut in Spalierinstallationen, die einen einfachen Zugang zu den Pflanzen während der Fruchtbildung ermöglichen. Tomaten lassen sich leicht in Innenräumen anbauen und funktionieren mit jeder vorgeschlagenen Methode gut, solange Sie einen ausreichend großen Behälter haben und Ihre Pflanzen die richtige Beleuchtung und Pflege erhalten.

CE: 2.0-5.0

pH-Wert: 5,5–6,5

Temperatur: 60–90 Fahrenheit

Beleuchtung: 12-16 Stunden

Wassermelone

Trotz ihrer Größe gedeihen Wassermelonen sehr gut in einer hydroponischen Umgebung, insbesondere weil sie ständigen Zugang zu Wasser benötigen. Wenn Sie oder Ihre Familie in den Sommermonaten nicht auf Wassermelonen verzichten können, ist dies die ideale Pflanze für Sie. Das einzige wirkliche Problem besteht darin, dass diese Pflanzen in der Regel am besten in

Systemen mit geringer Höhe wachsen, wodurch sichergestellt wird, dass sie ihre Stängel nicht vorzeitig abbrechen. Sie können eine Art Unterstützung schaffen, indem Sie ein Aufhängesystem verwenden, oder Sie können andere Methoden wie Tropfanbau oder NFT verwenden, sodass die Pflanzen ohne Unterbrechung einfach auf dem Boden wachsen können.

EC: 1,5-2,4

pH-Wert: 5,8

Temperatur: 70–90 Grad Fahrenheit

Beleuchtung: 10 Stunden am Tag

Pfeffer

Botanisch gesehen sind Paprika eine weitere häufige Wahl für Hydrokultursysteme. Sie sind etwas fortschrittlicher als die anderen angebotenen Früchte, können aber dennoch relativ einfach angebaut werden, insbesondere mit einem DWC- oder Ebbe-Flut-System. Bei Paprika möchten Sie verhindern, dass sie ihre maximale Höhe erreichen: Schneiden Sie sie auf etwa 20 cm zurück und kneifen Sie sie über diese Höhe hinaus, um das Wachstum der Paprika zu fördern.

EC: 2,0-2,5

pH-Wert: 6,0–6,5

Temperatur: 65–75 Grad Fahrenheit

Beleuchtung: 18 Stunden Licht pro Tag. Denken Sie daran, die Beleuchtung mit zunehmendem Wachstum der Pflanzen zu erhöhen.

Gemüse

Abschließend werfen wir einen Blick auf eine Handvoll Gemüsesorten, die normalerweise in jedem Hydrokultursystem gedeihen. Dabei handelt es sich um Gemüse, das in jeder Küche häufig verwendet wird. Wenn Sie dieses Gemüse selbst anbauen könnten, müssten Sie es nicht mehr im Laden kaufen und könnten sich stattdessen über frischere, selbst angebaute Produkte freuen, die Sie selbst zubereiten können. Während Sie dieses Kapitel lesen, werden Sie an Gemüse für Anfänger herangeführt, und dies ist keineswegs eine erschöpfende Liste dessen, was angebaut werden kann. Wenn es ein Gemüse gibt, das nicht auf dieser Liste steht und das Sie gerne hydroponisch anbauen würden, stehen die Chancen gut, dass Sie alle wichtigen Informationen dafür online finden können.

Kopfsalat

Salat ist sehr vielseitig. Ob in Salaten oder zu Sandwiches oder Tacos verarbeitet, Salat kann in fast jeder Küche auf der ganzen Welt verwendet werden. Es reinigt hervorragend den Gaumen und verleiht vielen verschiedenen Gerichten eine schöne, knusprige und erfrischende Note. Wenn Sie sich für den Salatanbau entscheiden, ist es am besten, breitblättrige Sorten anzubauen und nicht solche, die dazu neigen, sich in sich zusammenzurollen. Sie können diese Methoden zwar auch zu Hause anbauen, die Erträge sind jedoch normalerweise nicht so hoch, und wenn Sie einen höheren Ertrag erzielen möchten, benötigen Sie losen Blattsalat.

Wenn Sie Salat anbauen möchten, können Sie jede der in diesem Buch vorgestellten Methoden anwenden. Salat wächst mit allen diesen Methoden gleich gut, ohne viel Licht. Solange die Nährlösung fertig ist und die Pflanzen genügend Platz zum Wachsen haben, können Sie den Salat selbst genießen. Denken Sie daran, dass Sie bei Ihrer Ernteentscheidung auch nur die äußeren Blätter ernten können – so wächst der Salat länger und Sie erhalten mit der Zeit mehr Ernten. Denken Sie auch daran, dass zu viel Licht oder zu hohe Temperaturen dazu führen, dass Ihre Pflanze verrückt wird, dh sie beginnt zu blühen, und das schmeckt sehr bitter.

EG: 1,4

pH-Wert: 5,5–6,0

Temperatur: 50–70 Grad Fahrenheit

Beleuchtung: 10–14 Stunden bei schlechten bis mäßigen Lichtverhältnissen. Sie funktionieren sehr gut mit einer Kompaktleuchtstofflampe.

Spinat

Spinat ist ein weiteres sehr beliebtes Blattgemüse, das problemlos in einer Hydrokulturumgebung angebaut werden kann. Alles, was Sie tun müssen, ist, Ihren Garten mit allem zu versorgen, was er zum Gedeihen braucht, und Sie werden feststellen, dass es Ihnen gelingt, dafür zu sorgen, dass er gedeiht. Sie können ihn einfach pflegen und solange Sie darauf achten, die Temperatur auf einem Niveau zu halten, das der Salat verträgt, sollte er gut wachsen. Aufgrund seiner Wuchsform lässt sich Spinat ebenso wie Salat leichter keimen als aus einem Steckling. Ebenso wie Salat gefriert auch Spinat, wenn die Temperatur zu hoch gehalten wird.

EC: 1,8-2,3

pH-Wert: 5,5–6,6

Temperatur: 60–70 Grad Fahrenheit

Beleuchtung: Schwaches Licht: bevorzugt weniger intensive Beleuchtung. Direktes oder helles Licht ist zu stark und es wächst nicht. Es benötigt 12 Stunden am Tag, vorzugsweise Leuchtstofflampen oder HID, aber ferngesteuert.

Bohnen

Bohnen aller Art, auch wenn es sich technisch gesehen um Hülsenfrüchte handelt, werden in diesem Buch neben anderen Gemüsesorten behandelt. Alle Bohnenarten sind relativ einfach anzubauen und gedeihen in der Regel gut in einem Hydrokultursystem. Sie keimen normalerweise schnell und beginnen dann schnell zu sprießen. Sie gedeihen in fast jedem von Ihnen eingerichteten System, egal um welches es sich handelt, aber sie bevorzugen Ebbe und Flut gegenüber anderen. Wenn Sie es nicht schaffen, machen Sie sich keine Sorgen und lassen Sie sich nicht entmutigen. Sie können sie immer noch anbauen! Sie müssen lediglich sicherstellen, dass Sie ihnen die richtige Umgebung bieten.

EG: 2-4

pH-Wert: 6-6,5

Temperatur: 70-80 Grad Fahrenheit, nachts niedriger und tagsüber höher.

Beleuchtung: volles Sonnenlicht, 12–13 Stunden am Tag. Für ein optimales Wachstum BENÖTIGEN sie einen Nachtzyklus von mindestens 10 Stunden, vorzugsweise jedoch mehr als 12 Stunden.

Brokkoli

Brokkoli ist ein weiteres einfach anzubauendes Gemüse, das in einer hydroponischen Umgebung gut wächst. Wenn Sie Ihrer Familie etwas geben möchten, das sie nährt und es ihr ermöglicht, die Früchte (oder das Gemüse!) Ihrer Arbeit zu genießen, ist Brokkoli eine großartige Ergänzung zu dieser Mischung. Da es sich um eine Kulturpflanze mit kühlem Klima handelt, lässt sie sich in jeder Umgebung problemlos anbauen und gedeiht bei allen Anbaumethoden gut, solange Sie dafür sorgen, dass genügend Platz vorhanden ist. Vermeiden Sie NFTs, da diese im Allgemeinen nicht über ausreichend große Röhren verfügen, es sei denn, Sie bauen Ihr eigenes System speziell für Brokkoli.

EC: 2,8-3,5

pH-Wert: 5,5–6,5

Temperatur: 55–65 Grad Fahrenheit

Beleuchtung: 14–16 Stunden pro Tag mit Niedertemperaturlicht, vorzugsweise CFL oder

LED. Hochdruckentladungslampen neigen dazu, sie zu stark zu erhitzen.

Blumenkohl

Blumenkohl lässt sich wie Brokkoli relativ einfach in einem Hydrokultursystem anbauen. Dies ist eine tolle Beilage zu Mahlzeiten und außerdem sehr nahrhaft.

EC: 0,5-2

pH-Wert: 6,0–7,0

Temperatur: 55–70 Grad Fahrenheit

Beleuchtung: 14+ Stunden

Kohl

Grünkohl ist eine großartige Möglichkeit, Ihrer Ernährung Kalzium hinzuzufügen und sicherzustellen, dass Ihre Ernährung gesund ist. Es ist auch sehr einfach, es in einer hydroponischen Umgebung anzubauen, und wenn Sie möchten, können Sie fast jede hydroponische Anlage optimal nutzen.

CE: 1,0-2,3

pH-Wert: 5,5–6,5

Temperatur: 40–65 Grad Fahrenheit

Beleuchtung: über 10 Stunden pro Tag mit Niedertemperaturlicht

Zwiebeln

Zwiebeln sind beim Kochen unglaublich vielseitig und werden in den meisten Gerichten häufig zum Würzen verwendet. Ganz gleich, ob man eine Scheibe zu einem Sandwich hinzufügt, es bräunt oder es sogar mit Fleisch röstet – Zwiebeln lassen sich leicht verwenden, um den Geschmack von Speisen zu verbessern. Während sie normalerweise in Erde wachsen, können Sie sie auch hydroponisch anbauen.

EC: 1,8-2,2

pH-Wert: 6,0–7,0

Temperatur: 65–70 Grad Fahrenheit

Beleuchtung: 12 Stunden am Tag

Möhren

Wie Zwiebeln gedeihen auch Karotten im Allgemeinen sehr gut in der Hydrokultur. Sie müssen lediglich sicherstellen, dass Sie sie mit den ausreichenden Nährstoffen versorgen, die sie benötigen. Bedenken Sie, dass bei Karotten die Wurzeln nicht vollständig untergetaucht sein müssen – mit einem Ebbe-Flut-System ist dies besser.

CE: 1,4-2,2

pH-Wert: 6,0–6,5

Temperatur: 50–85 Grad Fahrenheit

Beleuchtung: 6 bis 12 Stunden am Tag

Kapitel 8:
Schädlingsbekämpfung
und -prävention

Hydrokulturgärten mögen zwar resistent gegen gewöhnliche Schädlinge sein, da sie sich in Innenräumen befinden und daher für viele Schädlinge unerreichbar sind, aber sie sind nicht völlig immun. Mehrere Schädlinge können Hydrokulturgärten infizieren, was häufig der Fall ist, und es kann schwierig sein, sie zu behandeln oder ihnen vorzubeugen. Einige von ihnen tauchen einfach deshalb auf, weil sie keine natürlichen Feinde im System haben. Andere werden versehentlich mit einer neuen Pflanze eingeführt. In Hydrokulturgärten sind Schädlinge kein Unbekannter: Denn wo Pflanzen sind, gibt es meist auch Insekten. In diesem Kapitel werfen wir einen Blick auf fünf der häufigsten Zimmerschädlinge, die Sie wahrscheinlich auf Ihren Pflanzen in Ihrem Hydrokulturgarten finden, und sprechen darüber, was Sie tun können, um Katastrophen abzumildern. Denken Sie daran, dass Vorbeugung fast immer einfacher ist als die Beseitigung von Schädlingen, nachdem diese Ihre Pflanzen infiziert haben, und dass eine ordnungsgemäße Hygiene und Hygiene immer der Schlüssel zum Erreichen dieses Ziels ist.

Spinnmilben

Rote Spinnen sind die häufigsten Schädlinge, denen Sie begegnen können. Leider können sie der Pflanze erheblichen Schaden zufügen und die Blätter oder sogar die gesamte Pflanze zerstören. Rote Spinnen sind klein – weniger als einen Millimeter lang – und unglaublich schwer zu finden, wenn man nicht vorsichtig genug ist. Dabei handelt es sich um kleine rote Spinnentiere, die so klein sind, dass Sie ihre Beschädigungsspuren wahrscheinlich bemerken werden, lange bevor Sie sie sehen. Typischerweise werden Sie Blattschäden oder Spinnweben an den Spitzen Ihrer Pflanze entdecken, und es ist ein guter Zeitpunkt, dies zu untersuchen. Sie verstecken sich normalerweise unter den Blättern Ihrer Pflanze und eine der einfachsten Möglichkeiten, sie zu bekämpfen, besteht darin, die Unterseiten der Blätter zu reinigen, von denen Sie glauben, dass sie infiziert sind. Wenn Sie beim Reinigen der Pflanze Blut auf einem Taschentuch sehen, handelt es sich wahrscheinlich um einen Milbenbefall, der auf irgendeine Weise behandelt werden muss.

Blattläuse

Blattläuse gibt es in verschiedenen Farben. Sie sind normalerweise grün, manchmal aber auch grau oder schwarz. Allerdings schädigen sie Ihre Pflanzen immer noch, wenn sie die Blätter der Pflanze saugen können. Wenn sie die Blätter durchstechen und trinken, hinterlassen sie oft kleine gelbe Flecken und schließlich wird das gesamte Blatt gelb und fällt ab, um sich vor Schäden zu schützen.

Thripse

Thripse sind etwas größer als Rote Spinnen, aber nicht viel. Allerdings sind sie auch recht schwer zu identifizieren. Sie sollten auf Anzeichen von schwarzen Flecken auf den Blättern achten. Wenn dies zusammen mit der Bräunung der Blätter geschieht, haben Sie wahrscheinlich Thripse. Dies sind dünne, blasse Insekten, die fast die Farbe eines Blattes haben. Sie leben meist in Gruppen, was sie so gefährlich macht. Sie fressen alle an derselben Pflanze und verursachen schwere Schäden. Wenn Sie jedoch die Pflanze berühren, werden Sie wahrscheinlich sehen, wie sie alle wegfliegen.

Weiße Fliegen

Weiße Fliegen sehen aus wie kleine weiße Motten, die eigentlich recht leicht zu erkennen sind. Da sie jedoch wegfliegen und sich im Raum ausbreiten können, ist es recht schwierig, sie zu erkennen. Das kann ein großes Problem sein:

Wenn man nicht aufpasst, können sie sich in den Pflanzen ausbreiten und schwere Schäden verursachen. Das werden Sie regelmäßig bemerken: Ihre Pflanzen bekommen weiße Flecken auf den Blättern und können sogar anfangen zu vergilben.

Kampf gegen Parasiten

Nur weil Sie ein Schädlingsproblem in Ihrem Garten festgestellt haben, heißt das natürlich nicht, dass Sie das Handtuch werfen sollten. Sie müssen Ihren Garten nicht aufgeben oder bei Null anfangen. Sie können sich natürlich dafür entscheiden, eine einzelne Pflanze oder eine Handvoll Pflanzen loszuwerden. Wenn Sie jedoch bemerken, dass Sie beginnen, Schädlinge zu beherbergen, gibt es ein paar andere Methoden, die Sie zunächst ausprobieren können.

Wasserspray

Besonders wenn Sie bemerkt haben, dass Ihr Befall noch nicht sehr groß ist, können Sie versuchen, Ihre Pflanzen zu besprühen, um die Milben oder Blattläuse auszurotten und sie aus Ihrem Garten zu entfernen. Sie fallen einfach von der Pflanze und haben Schwierigkeiten, wieder aufzusteigen. Natürlich hat es keinen Sinn, wenn der Schädling, den Sie loswerden möchten, fliegen kann.

Klebefallen

Gegen fliegende Schädlinge können Sie Klebefallen verwenden. Dadurch können Sie Parasiten einfangen, bevor sie sich in Ihrem System weiter vermehren können. Dieser Eliminierungsprozess kann jedoch langsam sein, und Sie sollten auch darüber nachdenken, klebrige Fallen an der Basis Ihrer Pflanzen anzubringen, um Schädlinge zu stoppen, bevor sie die Probleme verschlimmern.

Pestizide spritzen

Manche Menschen sind strikt dagegen, ihren Garten mit Pestizidsprays zu besprühen, aber sie können wirksam sein. Sie können auch versuchen, Ihre eigenen Schädlingssprays herzustellen. Zu den häufigsten gehören Neemöl und Eukalyptusöl. Diese Produkte verhindern, dass sich Schädlinge in Ihrer Nähe ansiedeln. Sie werden aus Ihrem Garten vertrieben und sorgen für dessen Sicherheit.

Fügen Sie Ihrem System Raubtiere hinzu

Sie können Ihrem System auch helfen, indem Sie ihm einfach gute Raubtiere hinzufügen. Marienkäfer sind zum Beispiel hervorragend darin, Blattläuse und andere Schädlinge zu fressen, und wenn Sie sie hinzufügen, können Sie Ihrem Garten helfen, indem Sie ein natürliches Element hinzufügen.

Vorbeugung von Befall

Um einen Befall zu vermeiden, gibt es jedoch einige Dinge zu beachten. Nehmen Sie zunächst niemals Pflanzen von draußen. Sie sollten niemals versuchen, Pflanzen, die Sie draußen gefunden haben, für Ihren Innengarten zu verwenden, da dadurch häufig Dinge in Ihren Garten gelangen, die Sie vermeiden möchten, beispielsweise Schädlinge, die Sie vermeiden möchten. Sie können auch helfen, indem Sie dafür sorgen, dass Ihre Pflanzen sauber und gesund bleiben. Indem Sie sicherstellen, dass sie alles haben, was sie zum Wachsen und Gedeihen benötigen, sind sie resistenter gegen Schädlinge und eine saubere Umgebung kann dazu beitragen, einen Befall zu verhindern. Wenn Sie möchten, können Sie vorbeugend auch Pestizide oder natürliche ätherische Öle einsetzen. Für welche Methode Sie sich auch entscheiden, Sie müssen sicherstellen, dass Sie sie wählen, weil Sie sie verwenden möchten.

Kapitel 9: Umgang mit häufigen Fehlern

Allzu oft machen Anfänger immer wieder die gleichen Fehler. Sie sagen sich, dass diese Fehler nicht so schwerwiegend sind, wie sie scheinen. Sie sagen sich, dass es keinen Sinn hat, die vorgegebenen Richtlinien zu befolgen, oder sie versuchen, alle möglichen Ausnahmen zu machen, die sie für harmlos halten ... Aber das ist nicht der Fall. In diesem Kapitel schauen wir uns einige der häufigsten Fehler an, die Ihnen als Anfänger passieren könnten. Sie sehen das Beispiel des von Ihnen gemachten Fehlers und erfahren dann, wie Sie ihn nicht machen dürfen, was Ihnen helfen wird, viele vermeidbare Probleme zu vermeiden. Wir alle machen manchmal Fehler, aber warum sollten Sie Ihren Fehler leicht vermeidbar machen?

Achten Sie nicht auf die Wasserparameter

Der häufigste Fehler besteht darin, die Parameter des Wassers, in dem sich die Nährlösung befindet, nicht zu beachten. Sie achten möglicherweise nicht auf die Temperatur, die sehr wichtig ist, um sicherzustellen, dass Pflanzen ausreichend Sauerstoff aufnehmen können. Sie achten möglicherweise nicht darauf, dass ihre Pflanzen einen ganz bestimmten pH-Wert oder EC-Wert benötigen, und ignorieren ihn völlig, aber es kann auch alle möglichen Probleme verursachen und Ihren Garten sehr leicht zerstören.

Denken Sie daran, dass es letztendlich die Wasserparameter sind, die über die Gesundheit Ihres Gartens entscheiden. Wenn Sie sicherstellen möchten, dass Ihr Garten effektiv ist, müssen Sie sicherstellen, dass er die richtigen Einstellungen erhält, damit er am Leben und gedeiht. Denken Sie daran, dass Ihre Pflanzen nur Ernten produzieren, die der Qualität ihrer Wachstumsbedingungen entsprechen!

Ignorieren Sie die Unterschiede zwischen Pflanzen

Manche Menschen machen auch den Fehler, nicht zu berücksichtigen, dass jede Pflanze, die Sie anbauen, ihre eigenen spezifischen Parameter hat. Sie alle haben unterschiedliche Bedürfnisse in Bezug auf Temperatur, Beleuchtung und Nährlösung und Sie müssen alle drei dieser Kriterien erfüllen, um optimale Wachstumsbedingungen für die Pflanzen zu schaffen und sicherzustellen, dass sie richtig gedeihen. Wenn Sie dies nicht tun, werden Sie feststellen, dass Ihre Pflanzen nur schwer wachsen und überleben können.

Stellen Sie sicher, dass Sie immer genau wissen, was Ihre Pflanzen brauchen. Wenn Sie mehrere Pflanzen im selben Raum anbauen, stellen Sie sicher, dass sie sehr ähnliche Standorte haben, die sich so weit überschneiden, dass Sie sicher sein können, dass sie zusammen überleben und gedeihen. Wenn Sie sich über diese Einstellungen nicht sicher sind, machen Sie sich keine Sorgen – wir werden bald einige der besten Pflanzen für den Anbau und ihre Einstellungen durchgehen!

Betreten Sie den Raum bei Dunkelheit

Ihre Gärten erleben oft alle Arten von dunklen Phasen, in denen sie sich die Zeit nehmen können, die sie brauchen, um ohne Unterbrechung zu wachsen. Dies gibt ihnen den Raum, den sie zum Wachsen benötigen, und steht in direktem Zusammenhang mit den Beleuchtungsanforderungen. Ihre Pflanzen ruhen, wenn sie im Dunkeln gehalten werden, und das ist ein entscheidender Teil ihres Wachstumszyklus. Dies hilft ihnen, Energie auf andere Bereiche als die Photosynthese umzuleiten, beispielsweise auf das eigentliche Wachstum. Wenn Sie den Raum während der Dunkelheit betreten, müssen Sie nur den Raum öffnen und die Pflanzen dem Licht aussetzen – egal, wie wenig Sie Ihrer Meinung nach hinzufügen, es ist immer noch nicht in ihrem besten Interesse.

Im Gegenteil, Sie müssen daran denken, den Garten nur zu betreten, wenn er beleuchtet ist. Dadurch wird verhindert, dass Sie sie versehentlich dem Licht aussetzen, wenn sie ruhen sollten. Auch wenn es im Notfall nicht unbedingt zum Absterben der Pflanzen führt, wenn Sie zur Kontrolle gehen, kann es zu Problemen kommen, wenn Sie regelmäßig hineingehen, ohne Rücksicht auf Ihre Pflanzen und deren Bedürfnis nach Dunkelheit zu nehmen. Versuchen Sie, diese Zeit so heilig zu respektieren, wie Sie möchten, dass Ihre Schlafzeit behandelt wird. Sie möchten auch nicht in Ihrem Schlaf gestört werden, also tun Sie das Ihren Pflanzen nicht an.

Überspringen Sie regelmäßige Wartungskontrollen

Oft kommt man zu dem Schluss, dass Wartungsprüfungen warten können oder dass sie nicht wichtig genug sind, um durchgeführt zu werden. Sie entscheiden möglicherweise, dass ihr System immer gut war, und gehen davon aus, dass dies auch weiterhin so sein wird. Das Ziel dieser regelmäßigen Pflegekontrollen ist jedoch, sicherzustellen, dass Ihr Garten gedeihen kann. Die Idee hinter diesen Kontrollen besteht darin, sicherzustellen, dass ein festgestelltes Problem rechtzeitig erkannt werden kann, um eine Verschlimmerung zu verhindern. Es ist allzu leicht, dass ein hydroponischer Garten scheitert, wenn beispielsweise die Nährlösung auch nur für ein oder zwei Tage nicht mehr fließt, plötzlich austrocknet und den Pflanzen Nährstoffe und Wasser fehlen, und zwar lange genug, um möglicherweise irreversiblen Schaden zu verursachen. . Um dies zu verhindern und sicherzustellen, dass die Pflanzen gut geschützt sind, müssen regelmäßige Kontrollen durchgeführt werden.

Wenn Sie das Bedürfnis verspüren, den Vorstellungsgesprächscheck zu überspringen, tun Sie das nicht. Die wenigen eingesparten Minuten lohnen sich nicht, vor allem nicht, wenn etwas schief geht. Ihre Wartungskontrollen sind wie eine Versicherung: Sie sind da, falls sie gebraucht werden, und manchmal werden Sie sie nie brauchen, was vollkommen in Ordnung ist, aber Sie möchten immer bereit sein, falls Sie sie brauchen. Wenn Sie auf diese Eventualität vorbereitet sind, können Sie in der Regel sicherstellen, dass Ihr System floriert, und zwar nur, weil Sie es geschafft haben, seinen Tod zu verhindern. Sie können bereits beim ersten

Anzeichen dafür, dass etwas nicht stimmt, eingreifen. Sie werden in der Lage sein, den völligen Verfall Ihres Gartens zu verhindern, und das macht süchtig.

Unzureichende Beleuchtung

Manche Leute machen sich nicht die Mühe, in Beleuchtung zu investieren. Sie denken, alle Lichter seien gleich, aber das stimmt überhaupt nicht. Die Beleuchtung ist einer der wichtigsten Teile Ihres Systems, und wenn Sie etwas falsch machen, riskieren Sie ernsthafte Probleme.

Beachten Sie Kapitel 14 und investieren Sie in die Aufklärung. Stellen Sie sicher, dass die Beleuchtung die Aufmerksamkeit erhält, die sie verdient. Das reicht aus, um sicherzustellen, dass Sie es richtig machen. Die Beleuchtung ist für Ihr System von entscheidender Bedeutung.

Ignorieren Sie Gesundheitspraktiken

Der Erfolg Ihres Systems hängt davon ab, dass keine Krankheiten in das System gelangen, was bedeutet, dass es hygienisch bleibt. Bei allen Interaktionen mit Ihrem System sollten Sie sich zunächst die Hände waschen, insbesondere wenn Sie vor dem Betreten Ihres Gartens Kontakt mit der Außenwelt hatten. Manche Menschen denken jedoch überhaupt nicht darüber nach: Sie berücksichtigen nicht, dass Pflanzen bestimmte Parameter benötigen, um gesund zu bleiben, oder dass Krankheiten eingeschleppt werden können, wenn Sie Ihre Werkzeuge niemals desinfizieren. Denken Sie darüber nach: Würden Sie einem Arzt vertrauen, der sich niemals die Hände wäscht oder unsterile Nadeln verwendet, um Impfstoffe zu verabreichen?

Abschluss

Und hier sind wir, wir sind am Ende dieses Buches angelangt! Hoffentlich sind Sie an diesem Punkt langsam davon überzeugt, dass Hydrokultur die richtige Methode für Sie ist. Wie könnte es bei all seinen Vorteilen nicht sein? Es kann in jeder Umgebung und in jedem Raum angebaut werden. Sie können jede beliebige Beleuchtung verwenden, von Sonnenlicht bis hin zu Leuchtstofflampen. Dies ist eine praktische Einrichtungsoption für jedermann, und Sie können sogar Konstruktionen mit Gegenständen erstellen, die Sie wahrscheinlich gerade in Ihrem Zuhause finden. Lassen Sie uns nun noch einmal zusammenfassen...

Hydroponik ist die Kunst, ohne Erde zu wachsen. Sie können Ihre Pflanzen ganz einfach anbauen, ohne die Pflanzen jemals zweimal am Tag bestreuen, jäten oder gießen zu müssen. Sie müssen sie nicht im Freien pflanzen und sind nicht an das Klima Ihres Wohnortes gebunden. Es ist sehr vorteilhaft. Egal wo Sie leben, egal zu welcher Jahreszeit Sie dieses Buch lesen, Sie können Ihren eigenen Garten anlegen. Selbst wenn vor dem Fenster ein Schneehaufen liegt, können Sie mit der Anlage Ihres eigenen Hydrokulturgartens beginnen und es könnte nicht einfacher sein.

Auch wenn die hydroponische Gartenarbeit auf den ersten Blick schwierig erscheinen mag, denken Sie daran, dass sie tatsächlich durchaus machbar ist. Es mag voller großer Wörter wie „Keimung" oder ausgefallener Namen für Systeme sein, aber sie sind alle für jedermann zu handhaben! Es spielt keine Rolle, ob Sie noch nie in Ihrem Leben im Garten gearbeitet haben oder einfach nur von der traditionellen Gartenarbeit weggehen und sich etwas Zugänglicherem zuwenden oder etwas Neues ausprobieren möchten, diese Art der Gartenarbeit ist ein guter Anfang. Mit etwas Übung gelingt es Ihnen vielleicht sogar, mit Ihren eigenen Händen große Mengen an Nahrungsmitteln für Ihre Familie anzubauen. Sie könnten einen unfertigen Keller in eine ganzjährige Utopie verwandeln, gefüllt mit allerlei frisch angebauten Leckereien und Produkten, die Ihre Familie genießen kann! Sie müssen sich lediglich die Zeit nehmen, die erforderliche Struktur aufzubauen.

Wer weiß, wenn Sie sich mit Gartenarbeit auskennen, können Sie vielleicht sogar ein eigenes Unternehmen gründen und Ihre Stadt mit lokalen Produkten beliefern – das ist keine unmögliche Möglichkeit! Diese Gärten sind sehr vielseitig und können problemlos erweitert oder verkleinert werden. Alles, was wirklich zählt, ist, dass Sie bereit und in der Lage sind, die Zeit und Energie zu investieren, um es selbst einzurichten und zu pflegen. Wenn Sie für Ihre Stadt gärtnern möchten, haben Sie die Möglichkeit dazu. Der Einstieg ist gar nicht so schwierig, wie Sie denken, und wenn Sie in diesem Buch bis hierher gekommen sind, haben Sie bereits einen monumentalen ersten Schritt getan! Sie müssen es nur noch in die Praxis umsetzen und selbst herstellen.

Beginnen Sie von dort aus mit dem Nachdenken. Was sind Deine langfristigen Ziele? Möchten Sie Ihre eigene Farm anbauen? Oder einfach Produkte für Ihre Familie? Vielleicht möchten Sie einfach klein anfangen, und das ist völlig in Ordnung! Was auch immer Ihre Ziele sind, dieses Buch soll Ihnen als Referenz dienen. Dieses Buch ist da, wenn Sie einen Stützpunkt brauchen. Dieses Buch wird Ihnen dabei helfen, die ersten Schritte im Gartenarbeitsprozess zu unternehmen, wenn Sie bereit sind, es in Angriff zu nehmen.

Vielen Dank, dass Sie sich die Zeit genommen haben, bis zum Ende dieses Buches vorzudringen, und ich hoffe, dass Sie sich am Ende sicherer denn je fühlen werden. Ich hoffe, dass Sie sich am Ende bereit fühlen, loszulegen und Ihre Ernährung selbst in die Hand zu nehmen. Denken Sie daran, dass es keinen Grund gibt, im Garten Unordnung zu verursachen. Sie benötigen keine Erde, um Ihren Gartenraum zu gestalten. Alles, was Sie brauchen, ist Platz, Licht, Wasser und Nährstoffe für Ihre Pflanzen! Viel Glück bei all Ihren Gartenprojekten!